AF328998

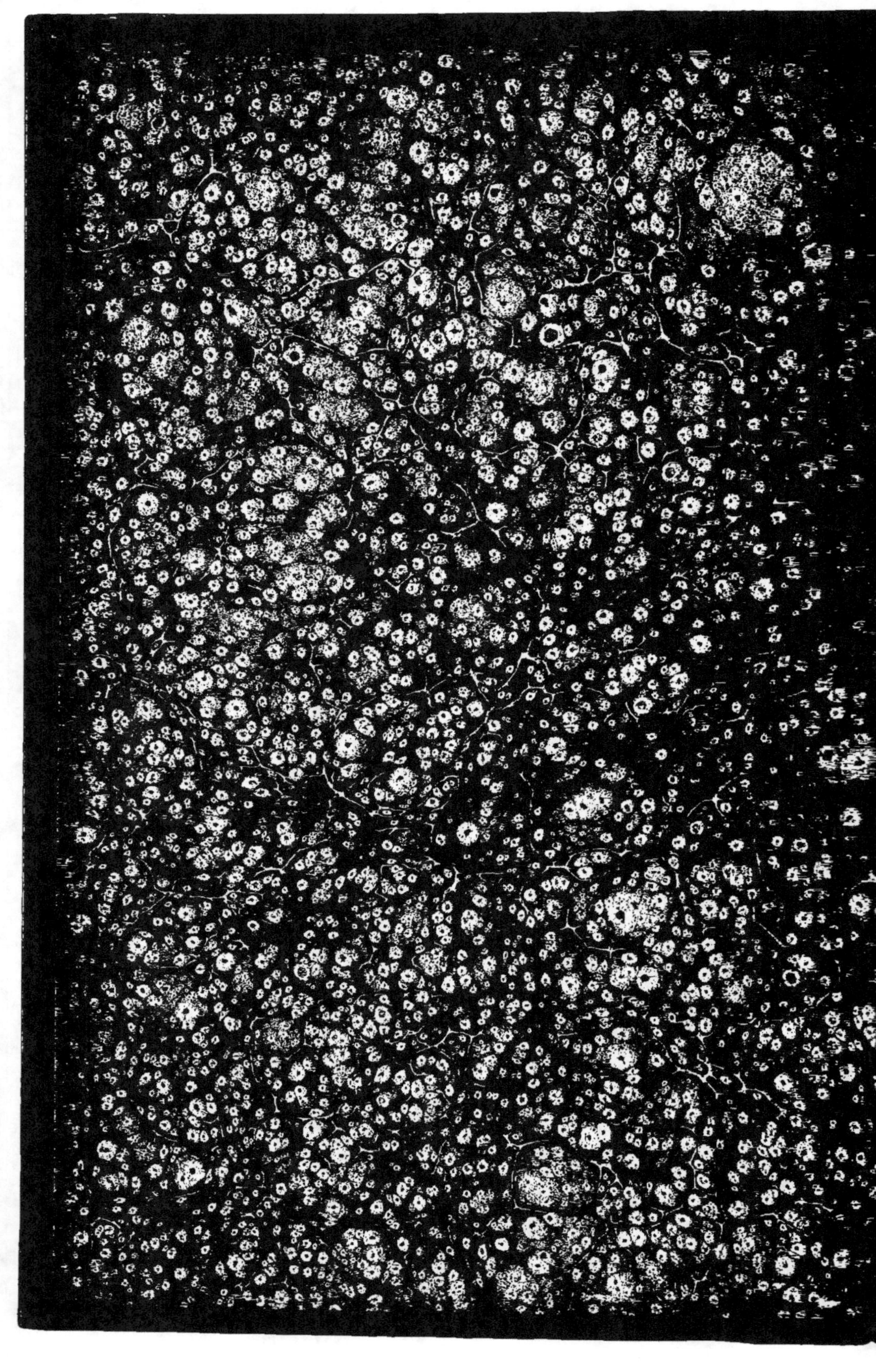

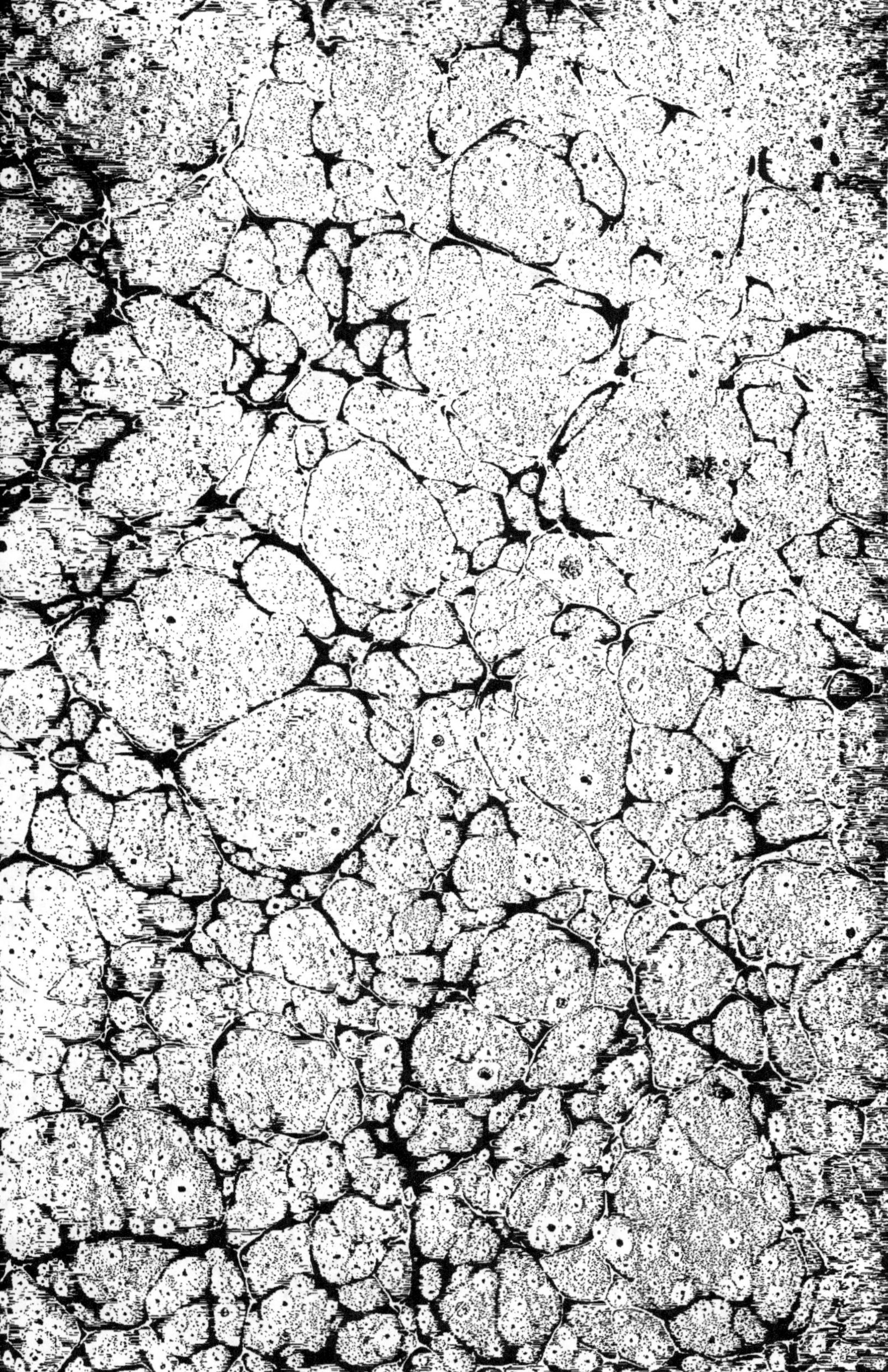

CATALOGUE

DE LA

BIBLIOTHÈQUE DE LA CHAMBRE DES NOTAIRES

DE PARIS

CATALOGUE

DE LA

BIBLIOTHÈQUE DE LA CHAMBRE DES NOTAIRES

DE PARIS

SUIVI D'UNE

TABLE ANALYTIQUE DES MATIÈRES

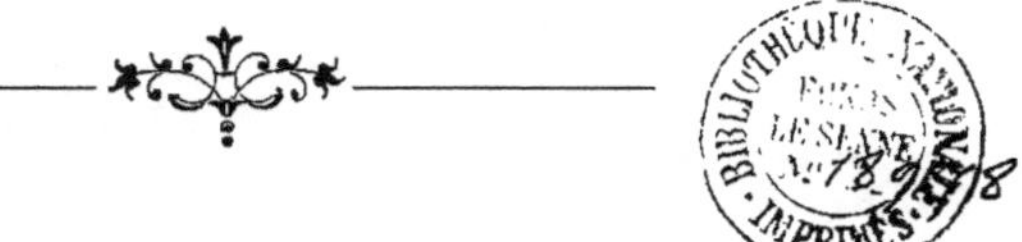

Etude de Me Jon Dumarais (St Denis).

PARIS
IMPRIMERIE CHAIX
(Succursale B), rue de la Sainte-Chapelle, 5.
—
1894

INTRODUCTION

INTRODUCTION

La Bibliothèque de la Chambre des Notaires de Paris remonte à l'année 1786.

Dès 1761, Mᵉ Laideguive [1], Syndic de la Compagnie, demandait la formation d'un dépôt de livres d'un usage journalier, mais cette proposition fut repoussée en Assemblée générale.

Ce n'est qu'en 1781 que Mᵉ Delarue [2], ancien Syndic, fit acheter, pour le Bureau, le texte de la coutume de Paris et les « principales ordonnances » [3]. En 1786, un appel fut fait à tous les membres de la Compagnie : ils y répon-

---

(1) Mᵉ Laideguive, Notaire de 1700 à 1764.

(2) Mᵉ Delarue, Notaire de 1761 à 1798, auteur des ouvrages suivants : *Catalogue des livres de la Bibliothèque des Notaires de Paris*, 1789, in-fol. (Ms. nᵒ 24). — *Extrait des délibérations et arrêtés de l'ancienne Compagnie des Notaires de Paris*. In-fol. (Mss. nᵒˢ 7, 8 et 9). — *Recueil de discours prononcés et d'avis donnés dans les Assemblées de Notaires du Châtelet de Paris et notes diverses*. In-fol. (Ms. nᵒ 10). — *Recueil de nottes par ordre alphabétique*. In-fol. (Mss. nᵒˢ 11 à 14). — *Registre d'administration de l'ancienne Compagnie des Notaires au Châtelet de Paris*. In-fol. (Ms. nᵒ 22). — *Registre des Offices et Pratiques*. In-fol. (Mss. nᵒˢ 20 et 21). — *Tableau chronologique des Notaires de Paris*, commencé en 1785. In-fol. (Mᵉ Thomas attribue ce *Tableau* à Mᵉ Delarue).

(3) Delarue. — *Catalogue de la Bibliothèque des Notaires de Paris*. 1789, in-fol. Ms. nᵒ 24).

dirent en offrant des présents en argent et en volumes : la Bibliothèque était fondée.

Le premier Catalogue date de 1789. Ce fut M⁰ Delarue qui catalogua les 33o volumes composant alors la Bibliothèque. A peine celle-ci commençait-elle à prendre un peu d'extension que survinrent les troubles révolutionnaires. M⁰ Delarue fit transporter les volumes chez lui afin de les mettre à l'abri. Peu après, il les répartit chez plusieurs confrères qui s'en firent les gardiens, pour les réintégrer aussitôt qu'ils le purent sans danger [1].

Ce Catalogue sur registre ne fut pas tenu au courant des acquisitions nouvelles et, vingt-trois ans plus tard, en 1812, M⁰ Bréton [2], ancien Président, recommença le travail ; la Bibliothèque possédait, à cette époque, 730 volumes.

En 1822, un nouveau Catalogue fut rédigé par un auteur dont le nom est inconnu. Le nombre des volumes était considérablement augmenté et s'élevait alors à 4.037.

Ces trois Catalogues, se succédant à environ vingt années d'intervalle, sont rédigés par ordre méthodique et par matières ; chaque grande division consacrée à une matière spéciale est classée par ordre alphabétique.

---

(1) La décision prise par M⁰ Delarue n'est vraisemblablement pas autre chose qu'une application du décret des 11-14 juin 1791, article 1⁰ʳ, prononçant « l'anéantissement de toutes espèces de corporations. » La corporation des Notaires cessant d'exister, il était tout naturel que les membres de la corporation se partageassent les livres de la Bibliothèque ; mais ils agissaient ainsi avec l'espoir bien fondé de restaurer un jour cette Bibliothèque, un moment anéantie.

(2) M⁰ BRÉTON, Notaire de 1804 à 1826, auteur des ouvrages suivants : *Catalogue des livres de la Bibliothèque des Notaires de Paris.* 1812, in-fol. (Ms. n⁰ 25). — *Lois, arrêts, décisions concernant le Notariat,* le tout classé dans l'ordre des articles des Codes. (Cette attribution à M⁰ Bréton est due à M⁰ Thomas. — *Catal. de la Bibliothèque des Notaires.*)

Ce système, qui a des avantages, présente aussi des inconvénients. En effet, le lecteur hésitera souvent sur la section qu'il doit consulter, son sujet pouvant se rattacher, par un côté quelconque, à une ou plusieurs grandes divisions. Le rédacteur du Catalogue a classé l'ouvrage d'après ses vues personnelles, qui peuvent n'être point celles du lecteur; ce dernier est donc exposé à tâtonner et même à se livrer à des recherches délicates et souvent très longues.

En 1866, Mᵉ Thomas[1] comprit le défaut de ce système : il entreprit un travail nouveau et rédigea un Catalogue alphabétique par auteurs et par matières.

La Bibliothèque comptait, à cette époque, 5.000 volumes (nombre rond).

La division en fut faite par corps de bibliothèque marqués d'une lettre de A à S ; chaque corps était désigné par une lettre et dans chaque corps de bibliothèque, chaque tablette ou rayon par la lettre du corps de bibliothèque et un numéro spécial ; ainsi le premier rayon du premier corps s'appelait A 1, le deuxième rayon A 2, et ainsi de suite. L'inconvénient de ce mode de classement est d'immobiliser les volumes sur les rayons ; s'il arrive des volumes faisant suite à ceux déjà classés, ou si la Bibliothèque vient à être installée dans un nouveau local, on est obligé de modifier tout le classement existant.

---

(1) Mᵉ Thomas, Notaire de 1831 à 1886, ancien Doyen de la Compagnie, auteur des ouvrages suivants : *Catalogue général alphabétique de la Bibliothèque des Notaires.* 1866, in-fol. (Ms. nᵒ 26). — *Notariats du département de la Seine,* ou *Tableaux chronologiques indiquant les minutes appartenant à chaque Étude.* 1862, in-fol. (*Bibl. des Avocats de Paris,* nᵒ 8657). — *La Vie d'un Notaire.*

En 1893, un nouveau Catalogue a été exécuté sous la direction d'une Commission composée de Me Cherrier, 2e Syndic, Me Lefebvre, Trésorier et Me Sabot, Bibliothécaire. Le système que cette Commission a adopté permet le classement et l'inscription des volumes récemment acquis et le transport de la Bibliothèque dans une nouvelle installation, si cela devenait nécessaire, sans nécessiter un remaniement du Catalogue.

La Bibliothèque possède aujourd'hui 6.901 volumes qui se décomposent ainsi qu'il suit :

In-fol. (ouvrages) . .	Nos	1 à 146	412 volumes
In-fol. (revues) . . .	—	900 à 915	605	—
In-4°.	—	1.000 à 1.391	1.321	—
In-8° (ouvrages). . .	—	2.000 à 2.908	3.076	—
In-8° (revues). . . .	—	4.000 à 4.031	1.429	—
Manuscrits	—	1 à 51	58	—
		Total	6.901 volumes.

Les volumes sont rangés par formats[1]. Les nos 1 à 899 ont été réservés aux in-fol. (ouvrages), bien que pour le moment il n'en existe qu'un petit nombre (1 à 146), les nos 147 à 899 restant libres pour les volumes qui entreront ultérieurement. Les nos 900 à 999 sont affectés dans les mêmes conditions aux volumes in-fol. (revues); les nos 1000 et suivants aux in-4°, etc.

---

[1] On n'a adopté que trois formats basés uniquement sur la dimension des volumes : 1° l'in-fol.; 2° l'in-4°; 3° l'in-8° comprenant l'in-8° proprement dit et les volumes de petits formats.

Les catalogues comprennent :

I. — Des registres de recolement qui reproduisent par numéros l'ordre même des volumes sur les rayons. Ils ne sont utiles qu'à la personne chargée du soin de la Bibliothèque ; ils lui permettent de savoir immédiatement le titre d'un volume manquant.

II. — Le catalogue alphabétique divisé en deux parties comprenant : la première, les noms d'auteurs rangés par ordre alphabétique ; la deuxième, les matières classées dans le même ordre. (Cette seconde partie formant la table de l'ouvrage.)

Le plan suivi permet de se passer de guide. Si le chercheur connaît le nom de l'auteur qu'il désire, il trouvera ce nom dans le catalogue à l'ordre alphabétique et l'article du catalogue lui fournira le numéro de l'ouvrage sur les rayons ; s'il ne connaît pas le nom de l'auteur, il se reportera à la table des matières, dressée par ordre alphabétique, et il y trouvera le titre et le numéro de l'ouvrage. Un chercheur, par exemple, veut-il consulter l'ouvrage de Josseau, *Traité du Crédit foncier*, il trouvera l'indication nécessaire dans le corps du catalogue au mot : Josseau, et dans la table, aux mots : *Crédit foncier*.

On a, autant que possible, indiqué le nom des auteurs anonymes à l'aide du recueil de Barbier, et ce nom restitué figure à sa place dans l'ordre alphabétique.

La Bibliothèque possède un petit nombre de manuscrits qui ont été classés à part (Manuscrits n⁰ˢ 1 à 51).

Il y a lieu de signaler : 1° un manuscrit laotien, n° 39, sur feuilles végétales, offert cette année même à la Chambre des Notaires, par M° Danvin, Notaire à Boulogne ; 2° les manuscrits 34 et 35, intitulés : *Créations du Collège des Notaires et Secrétaires du Roy et maison de France. Privilleiges, dons et octroitz faictz par les Roys de France à iceluy collège.* Le ms. 34 porte cette mention : Ex libris Fuliensium monasterii Sanctorum Angelorum custodum ; 3° le manuscrit 40, intitulé : *Extrait du registre des chartes, privillèges et confirmacions des Clercs, Notaires et Secrétaires du Roy, de la maison et couronne de France estant en la Chambre des Aides à Paris.* Ce dernier manuscrit provient de la Bibliothèque de Lamoignon.

Paris, le 12 Juillet 1894.

CATALOGUE

CATALOGUE

DE LA

BIBLIOTHÈQUE DE LA CHAMBRE DES NOTAIRES

DE PARIS

A

2667. ACHAINTRE (L.-N.). Histoire généalogique et chronologique de la maison royale de Bourbon, contenant les naissances, actions mémorables, etc. — *Paris*, 1825, 2 vol. in-8°.

— Voyez DUSAULX (J.); SÉLIS.

1364. ADAM. Les chevilles de Mᵉ Adam, menuisier de Nevers. — *Paris*, 1644, in-4°.

2663. ADAM (Alex.). Antiquités romaines, ou tableau des mœurs, usages et institutions des Romains. — *Paris*, 1818, 2. vol. in-8°.

1350. ADRESSE à l'Empereur et mémoire des Avoués du tribunal de première instance de Paris, en réponse à celui des Notaires de Paris, sur les juridictions volontaire et contentieuse. Et : Réponse des Notaires au mémoire des Avoués. — *Paris*, 1806, 5ᵉ et 6ᵉ pièce du recueil.

915. AGENTS DE CHANGE. Manuel des Agents de Change. — *Paris*, 1893, in-4°.

2250. Nouveau manuel des Agens de Change, banque, finance et commerce. — *Paris*, 1851, in-8°.

2804. [AGIER]. Du mariage, dans ses rapports avec la religion et avec les lois nouvelles de France. — *Paris*, frimaire An IX, 2 vol. in-8°.

1089. **AGUESSEAU** (d'). OEuvres de M. le chancelier d'Aguesseau. — *Paris*, 1787-1770 (*sic*), 13 vol. in-4°.

2317. **AGUILLON** (Louis). Législation des mines française et étrangère. — *Paris*, 1886, 3 vol. in-8°.

2686. **AIGNAN** et **NORVINS** (de). Extraits des mémoires relatifs à l'histoire de France depuis l'année 1757 jusqu'à la Révolution. — *Paris*, 1824, 2 vol. in-8°.

2238. **ALAUZET** (Isidore). Commentaire du Code de commerce et de la législation commerciale. — *Paris*, 1856-57, 4 vol. in-8°.

1379. **ALBIN LE RAT DE MAGNITOT** et **HUARD-DELAMARRE**. Dictionnaire de droit public administratif. — *Paris*, 1841, 2 vol. in-4°.

2557. **ALEMBERT** (d'). OEuvres complètes de Crébillon, précédées de son éloge historique. Voyez Crébillon.

— Voyez Diderot.

2015. **ALLARD** (L.-J.). De la forme des actes. — *Niort*, 1846, in-8°.

2651. — Exposé des mesures administratives à prendre pour assurer l'efficacité de la loi du 23 mars 1855 sur la transcription. — *Paris et Niort*, 1857, in-8°.

2754. Même ouvrage, même édition.

2384. **ALLIER** et **CERCLET**. Manuel de l'émigré, ou choix de lois, décrets, ordonnances, etc., etc., rendus depuis 1791 jusqu'à 1825 sur l'émigration et la déportation. — *Paris*, 1825, in-8°.

4000. **ALMANAC** (*sic*) ou calendrier. — 1683-1699, 17 vol. in-8°.

— Almanach royal, présenté à Sa Majesté pour la première fois en 1699. — 1700-1792, 94 vol. in-8°.

— Almanach national de France, An II de la République, présenté au Premier Consul. — 1793-1804, 11 vol. in-8°.

— Almanach impérial, présenté à S. M. l'Empereur et Roi, An XIII. — An XIII-1813, 9 vol. in-8°.

— Almanach royal. — 1814-1830, 16 vol. in-8°.

— Almanach royal et national. — 1831-1847, 17 vol. in-8°

— Almanach national. Annuaire de la République française. — 1848-1852 (Les années 1848, 1849 et 1850 forment 1 vol.), 3 vol. in-8°.

— Almanach impérial. — 1853-1870, 18 vol. in-8°.

— Almanach national. Annuaire de la République française. — 1871-1893 (Les années 1871-1872 forment 1 vol.), 20 vol. in-8°. — *Paris*, 1683-1893, 205 vol. in-8°. (Les années 1683 à 1689 sont manuscrites.)

1329. **ALSACIENS** et **LORRAINS**. Société de protection des Alsaciens et Lorrains demeurés Français. Rapport présenté à l'Assemblée générale des membres fondateurs. — Mai 1873 et mai 1875. — Situation des Alsaciens-Lorrains en Algérie. Rapport de M. Guynemer, ancien sous-préfet de Saverne. — Mars 1873. — *Paris*, 1873-1875, 3 fasc. in-4°.

2785. **AMAR DU RIVIER** (A.). Le fablier anglais, fables choisies de Jean Gay, Moore, Wilkie, etc.; traduites en français, avec le texte anglais, etc. — *Paris*, 1802, in-12.

2023. **AMEILHON** (Huber-Pascal). Notice biographique sur Huber-Pascal Ameilhon. Voyez Silvestre.

— Voyez Lebeau.

2230. **AMIAUD** (Albert). Le tarif général et raisonné des Notaires. Étude sur les principes et le mode de rémunération des actes notariés. — *Paris* et *Bruxelles*, 1875, in-8°. — 2ᵉ édition, *Paris*, 1881, 2 vol. in-8°.

2221. — Recherches bibliographiques sur le Notariat français. — *Paris*, 1881, in-8°.

— Voyez aussi Rutgeerts et Amiaud. Commentaire sur la loi de ventôse, 2320.

2047. **AMPLE** déclaration du Roy sur l'édict de création des offices de greffiers des notifications, pour la confirmation et exécution d'iceluy. — *Paris*, 1583, 7 pages in-8°, tome I, 20ᵉ pièce du recueil.

2696. **AMYOT** (Jacques). Les pastorales de Longus, ou Daphnis et Chloé, traduction revue, corrigée et complétée par Paul-Louis Courier. — *Paris*, 1821, in-8°.

2555. **ANACHARSIS**. Voyage du Jeune Anacharsis en Grèce. Voyez J.-J. Barthélemy.

2598. **ANACRÉON**. Odes d'Anacréon traduites en vers. Voyez J.-B. de Saint-Victor.

1207. **ANALYSE** des observations des tribunaux d'appel et du tribunal de cassation sur le projet de Code civil rapprochées du texte. — *Paris*, An XI (1802), in-4°.

2327. **ANDRÉ** (Albert). Nouveau formulaire général alphabétique du Notariat. — *Paris*, 1883-1884, 2 vol. in-8°.

2042. **ANNALES** de législation et de jurisprudence du Notariat, par une société de jurisconsultes et de Notaires. — *Paris*, An XI (1821), 21 vol. in-8°.

4019. **ANNUAIRE** de législation étrangère, publié par la société de législation comparée, contenant la traduction des principales lois votées dans les pays étrangers. — *Paris*, 1872-1891, 20 vol. in-8°.

4020. **ANNUAIRE** de la législation française, publié par la société de
législation comparée, contenant le texte des principales lois votées
en France (1881-1892). — *Paris*, 1882-1893, 12 tomes en 6 vol. in-8°.

2678. **ANNUAIRE** nécrologique, ou complément annuel et continuation
de toutes les biographies ou dictionnaires historiques (1820 à 1824,
1826). — *Paris*, 1821-1828. 7 vol. in-8°. (L'année 1825 manque.)

912. **ANNUAIRE** statistique de la ville de Paris (1880-1890). — *Paris*,
1881-1892, 11 vol. in-4°.

2680. **ANQUETIL**. L'esprit de la ligue, ou histoire politique des troubles
de France pendant les xvie et xviie siècles. — *Paris*, 1818, 2 vol. in-8°.

2594. — L'intrigue du cabinet sous Henri IV et Louis XIII, terminée
par la Fronde. — *Paris*, 1819, 2 vol. in-8°.

2844. — Louis XIV, sa cour et le Régent. — *Paris*, 1819, 2 vol. in-8°.

1199. **ANQUETIL-DUPERRON**. Législation orientale. — *Amsterdam*,
1788, in-4°.

2319. **ANTHOINE DE SAINT-JOSEPH**. Concordance entre les Codes
civils étrangers et le Code Napoléon. — *Paris*, 1856, 4 vol. in-8°,
2 exemplaires.

7. — Concordance entre les Codes civils étrangers et le Code Napoléon. — *Paris*, 1840, in-fol.

1160. **ANTONIUS** (Gasp.). Decisiones senatus Pedemontani collectae ab
Antonius (Gasp.). — S. l., 1794, 2 vol. in-4°.

1161. — Thesauri quaestiones forenses in duos tomos distributae. —
S. l., 1791, 2 vol. in-4°.

2423. **ARGENSON** (d'). Considérations sur le gouvernement ancien et
présent de la France, comparé avec celui des autres États; suivies
d'un nouveau plan d'administration. — *Liège*, 1787, in-8°.

108. **ARGENTRÉ** (Bertrand d'). Commentarii in patrias Britonum leges, seu (ut vulgo loquuntur) Consuetudines antiquissimi Britanniae. — *Parisiis*, 1608, in-fol.

2738. **ARGOU**. Institution au droit françois. — *Paris*, 1739, 2 vol. in-16.

— Nouvelle édition, revue et augmentée. — *Paris*, 1746-1752, 2 tomes en 4 vol. in-16. *Exemplaire interfolié avec notes manuscrites.*

— 11e édition, revue, corrigée et augmentée, par M. A.-G. Boucher d'Argis. — *Paris*, 1787, 2 vol. in-16.

2184. **ARIOSTO** (Lud.). Orlando furioso. — *Milano*, 1812-1814, 5 vol. in-8°.

ARNTZENIUS. Voyez Cato (Dyon.).

2047. **ARREST** de la Cour de Parlement, portant réglement entre les Baillifs lieutenants, conseillers, greffiers, des bailliages et sièges présidiaux. — S. l., 1569, 6 pages in-8°, tome I, 2e pièce du recueil.

1354. **ARREST** contre l'abbé et les religieux de Saincte Geneviève, et les officiers de la justice, par lequel il est dit, encores que les officiers de ladicte justice ayent procédé par scellé sur les biens d'un décédé de leur justice : toutesfois que l'inventaire sera faicte par les . Notaires. — S. l., 1613, 3 pages in-4°, 23e pièce du recueil.

— Arrest contre des Commissaires qui avaient fait des inventaires et partages, qui ont esté condemnez en l'amande, et à rendre l'esmolument. — S. l. n. d., 4 pages in-4°, 8e pièce du recueil.

— Arrest contre les Commissaires pour faict de partages. — S. l., 1390, 6 pages in-4°, 7e pièce du recueil.

— Arrest contre les Commissaires pour faict de partages. — S. l. n. d., 6 pages in-4°, 10e pièce du recueil.

— Arrest de la Cour à la descharge des Notaires. Extraict des registres du Conseil privé du Roy. — S. l., 1592, 4 pages in-4°, 22ᵉ pièce du recueil.

— Arrest de la Cour contre un Commissaire qui a fait des contracts qui sont déclarez nuls et défences et condemné és despens. — S. l. 1407, 20 pages in-4°, 9ᵉ pièce du recueil.

2047. **ARREST** de la Cour de Parlement de Rouen, portant réglement pour les Greffiers, Tabellions et Controlleurs des tiltres, donné le 18 aoust 1653. — *Rouen*, 1653, 24 pages in-8°, tome IV, 36ᵉ pièce du recueil.

— Arrest de la Cour de Parlement, intervenu sur la sentence du Chastelet de Paris, portant réglement des retraicts lignagers, contre les Greffiers des notifications. — *Paris*, 1638, 14 pages in-8°, tome IV, 27ᵉ pièce du recueil.

— Arrest de la Cour de Parlement, portant commission pour, à la requeste des propriétaires des greffes des justices ordinaires, faire assigner audit Parlement les Commissaires enquesteurs et examinateurs, pour la conservation desdits greffes, et ce pendant lesdits propriétaires maintenus en la possession de garder les minutes et délivrances des grosses. — *Paris*, 1632, 8 pages in-8°, tome IV, 8ᵉ pièce du recueil.

— Arrest de la Cour de Parlement, portant réglement entre les adjoints aux enquestes et les Greffiers, prétendant devoir estre appelez ausdictes enquestes comme adjoints, suivant l'édict de création des enquesteurs. — *Paris*, 1595, 3 pages in-8°, tome Iᵉʳ, 30ᵉ pièce du recueil.

— Arrest de la Cour de Parlement, portant réglement entre les Clercs du greffe civil de ladite Cour, et les Greffiers qui exercent les principales charges de l'audience, et du Conseil de ladite Cour : avec les taxes des expéditions. Du 19 avril 1617. — S. l. n. d., in-8°, tome II, 6ᵉ pièce du recueil.

— Arrest de la Cour de Parlement, portant reiglement entre les Greffiers et Notaires royaux de ce royaume. — S. l., 1626, 8 pages in-8°, tome III, 7ᵉ pièce du recueil.

— Arrest do la Cour de Parlement, portant réglement entre les Lieutenans criminels, Lieutenans particuliers, Assesseurs, et les Clercs commis aux greffes pour les fonctions de leurs charges. — *Paris*, 1633, 16 pages in-8°, tome IV, 12ᵉ pièce du recueil.

— Arrest de la Cour de Parlement, portant réglement entre les Lieutenans généraux, particuliers, criminels, assesseurs, conseillers, commissaires examinateurs, advocats..... : avec les rangs et scéances qu'ils doivent avoir, tant en la chambre du conseil, audiances, processions, qu'assemblées publiques, etc., etc. — *Paris*, 1634, 23 pages in-8°, tome IV, 6ᵉ pièce du recueil.

— Arrest de la Cour de Parlement, portant réglement entre les Prévosts royaux, Greffiers et les Notaires royaux et subalternes, par lequel est permis à tous les Notaires de faire les inventaires des mineurs à l'exclusion desdits Prévosts et Greffiers; avec condamnation de rendre les deniers qu'ils ont receus. — *Paris*, 1637, 4 pages in-8°, tome IV, 26ᵉ pièce du recueil.

— Arrest de la Cour de Parlement, portant réglement général entre les enquesteurs et commissaires examinateurs et les Présidens, Lieutenans, Conseiller....., des sièges présidiaux et seneschaussées de ce royaume. — *Paris*, 1630, 8 pages in-8°, tome III, 30ᵉ pièce du recueil.

— Arrest de la Cour de Parlement, portant réglement général pour les Présidens, Lieutenans, Conseillers, Juges, Magistrats, Advocats, Substituts, Adjoinct, Procureurs, Greffiers, Huissiers audienciers, Sergents, Clercs de l'audience, et autres officiers, praticiens et Ministres de Justice des sièges ordinaires des bailliages et sièges présidiaux. Prononcé le 14 aoust 1617. — *Paris*, 1629, 23 pages in-8°, tome II, 7ᵉ pièce du recueil.

— Arrest de la Cour de Parlement, portant réglement pour les fonctions et exercices des charges des Greffiers et Commissaires examinateurs.— *Paris*, 1653, 7 pages in-8°, tome IV, 35e pièce du recueil.

— Arrest de la Cour de Parlement, pour le réglement des charges et sallaires des clercs du greffe d'icelle. — *Paris*, 1600, 21 pages in-8°, tome Ier, 37e pièce du recueil.

— Arrest de Cour de Parlement, pour le réglement et salaire des Greffiers, tant civils que criminels de toute cette province et ressort de Bretagne. Leu et publié en Parlement à Rennes, le 25 octobre 1617. — *Rennes*, 1617, 37 pages in-8°, tome II, 8e pièce du recueil.

— Arrest de la Cour de Parlement, rendu au profit des Greffiers des justices royalles, portant réglement pour la fonction de leurs charges, contre les Conseillers desdites justices. — *Paris*, 1661, 19 pages in-8°, tome IV, 39e pièce du recueil.

— Arrest de la Cour de Parlement, sur l'arrest du Conseil du 26 février 1629, pour la recepte du droict de deux sols pour livre des espices. — *Paris*, 1630, 6 pages in-8°, tome III, 24e pièce du recueil.

— Arrest de la Cour de Parlement, sur l'establissement du controlle des productions et droicts de deux sols pour livre des espices. — *Paris*, 1630, 8 pages in-8°, tome III, 29e pièce du recueil.

— Arrest de la Cour de Parlement, touchant le réglement de ce que sont tenus faire les Commissaires du Chastelet de Paris en faisant leurs charges, etc. — *Paris*, 1633, 13 pages in-8°, tome IV, 10e pièce du recueil.

— Arrest de la Cour des Aydes, pour le reiglement des salaires des Clercs du greffe d'icelle. — *Paris*, 1620, 15 pages in-8°, tome II, 14e pièce du recueil.

— Arrest de la Cour, ensemble les lettres de jussion, vérifiées en Parlement, pour la continuation de la vente du domaine de Sa Majesté, greffes, sceaux, tabellionnages, jusques à la somme de sept cens cinquante quatre mil escus. — *Paris*, 1599, 22 pages in-8°, tome Ier, 36e pièce du recueil.

1354. **ARREST** de la Cour entre les Commissaires et Notaires pour le faict des inventaires. — S. l. n. d., 12 pages in-4°, 4e pièce du recueil.

— Arrest de la Cour, le Roy séant, intervenu sur l'estat et les officiers du Chastelet de Paris. — S. l. n. d., 2 pages in-4°, 2e pièce du recueil.

2047. **ARREST** de la Court de Parlement, contenant interprétation et esclarcissement de l'édict des greffes des présentations de ce royaume et arrests de vérification d'iceluy. — *Paris*, 1578, 6 pages in-8°, tome Ier, 6e pièce du recueil.

— Arrest de la Court de Parlement de Rouen par lequel est enjoint aux Greffiers des jurisdictions ordinaires, Prévosts et Visbaillis de cette province, envoyer aux greffes d'icelles court, dans le temps qui leur sera limité, par les assignations qui leur seront faictes sur les significations des appellations et compulsoires, tant les procez dont y aura appel, que autres mentionnez audit arrest. — *Rouen*, 1612, 4 pages in-8°, tome Ier, 40e pièce du recueil.

— Arrest de réglement des Clercs du greffe civil de la Cour de Parlement. — *Paris*, 1612, 38-4 pages in-8°, tome II, 4e pièce du recueil.

— Arrest de réglement pour le veu des sentences, contenant injonction aux juges d'en dresser le veu et dicton, et défenses aux Greffiers d'y adjouster ny diminuër, aux peines y portées. — *Paris*, 1647, 16 pages in-8°, 34e pièce du recueil.

1354. **ARREST** donné avec les religieux, abbé et Couvent de Sainct-Germain-des-Prez, par lequel il est dit, que les Notaires du Chastelet, feront l'inventaire des biens du déceddé dedans la justice de

Sainct-Germain, quand les parties le demandent, encore que les officiers dudit Sainct-Germain ayent prévenu par scellé. — *Paris*, 1612, 2 pages in-4°, 20ᵉ pièce du recueil.

— Arrest donné contre Monsieur l'Evesque de Paris, par lequel il luy est, et à tous juges subalternes, deffendu de procéder par scellé, et est attribué aux Notaires la confection des inventaires. — *Paris*, 1615, 6 pages in-4°, 25ᵉ pièce du recueil.

— Arrest donné tant contre les Commissaires du Chastelet que tous les seigneurs subalternes et leurs officiers, de procéder par scellé sur les biens des deffuncts s'il n'y a partie requérante, ou que ce .soit à faute d'hoirs apparans, et plusieurs autres chefs en faveur des Notaires. — S. l. (1588), in-4°, 14ᵉ pièce du recueil.

2047. **ARREST** du Conseil d'Estat de sa Majesté par lequel sont réglez les droicts d'espices des thresoriers généraux de France, salaires et droicts de signature de leurs Greffiers pour les lettres d'attache que sont tenus prendre d'eux les nouveaux acquéreurs de son domaine, ensemble des Greffes, Clercs d'iceux, Gardes de petits Sceaux des Justices royales, ordinaires et extraordinaires de ce royaume et des Aydes. — *Paris*, 1621, 13 pages in-8°, tome II, 16ᵉ pièce du recueil.

— Arrest du Conseil d'Estat, du 26 de février 1629, intervenu pour l'exécution de l'édict du mois de juillet 1626 portant suppression des offices de Receveurs des espices, et attribution du droict héréditaire de deux sols pour livre desdittes espices, aux Greffiers et Clercs..... de ce royaume. — *Paris*, 1629, 15 pages in-8°, tome III, 23ᵉ pièce du recueil.

— Arrest du Conseil d'Estat, du 26 de février 1629, portant réglement sur les droicts et fonctions des offices de Controolleurs des greffes, places de clercs, présentations, notariats, tabellionnages, etc. — *Paris*, 1629, 22 pages in-8°, tome III, 22ᵉ pièce du recueil.

— Arrest du Conseil d'Estat du Roy, contenant le réglement que sa
Majesté veut et entend estre gardé et observé en la perception des
droicts attribuez pour signature de roolles aux esleuz et droict
de bordereau, Greffiers en chef des eslections, maistres Clercs,
Greffiers des affirmations et Gardes seau, ensemble des commissaires et sergens des tailles. — *Paris*, 1623, 14 pages in-8°, tome III,
1re pièce du recueil.

— Arrest du Conseil d'Estat du Roy, par lequel défenses sont faictes
aux receveurs de tailles, de s'entremettre à la recepte des droicts
attribuez aux Gardes des petits sceaux, et maistres Clercs des Greffes
des élections, et de s'en charger en recepte à l'advenir en leurs
comptes. Donné à Paris le 26 avril 1621. — *Paris*, 1621, 8 pages in-8°,
tome II, 17e pièce du recueil.

— Arrest du Conseil d'Estat du Roy, par lequel Sa Majesté fait défenses
aux fermiers de ses domaines, et à tous autres d'establir aucuns
Greffiers des affirmations dans les jurisdictions ecclésiastiques,
dont Sa Majesté les a déchargez. — *Paris*, 1671, 8 pages in-8°,
tome IV, 38e pièce du recueil.

— Arrest du Conseil d'Estat du Roy, par lequel sont réglez les droicts
d'espices des Trésoriers généraux de France, salaire et droicts de
signatures de leurs Greffiers, pour les lettres d'attache que doivent
prendre d'eux les acquéreurs des offices de Lieutenans, et Controolleurs des grandes et petites mesures des greniers à sel de France
et Lyonnois. — *Paris*, 1624, 8 pages in-8°, tome III, 2e pièce du
recueil.

— Arrest du Conseil d'Estat, portant défenses aux Receveurs des
tailles, de faire la recepte des huict deniers pour livre, attribuez
aux Gardes des petits Sceaux et maistres Clercs des eslections de ce
royaume. — *Paris*, 1622, 8 pages in-8°, tome II, 25e pièce du recueil.

— Arrest du Conseil d'Estat du Roy, portant main-levée des droicts
héréditaires alienez sur les tailles, qui avoyent esté saisis pour

nouvelles attributions, aux acquéreurs des offices de Greffiers et
Mes Clercs, anciens,..... doublement d'iceux, et commissaires des
vivres. — *Paris*, 1631, 8 pages in-8°, tome III, 32e pièce du recueil.

— Arrest du Conseil d'Estat du Roy, portant réglement des droicts
attribuez aux Clercs d'audiance, et donné sur l'interprétation de
l'édict de leur création. — *Paris*, 1631, 6 pages in-8°, tome IV,
1re pièce du recueil.

— Arrest du Conseil d'Estat du Roy, portant réglement entre les
Greffiers et Controolleurs des actes, Clercs de l'audience et Gardes
sacs, pour la perception de leurs droicts. *Paris*, 1629, 7 pages in-8°,
tome III, 21e pièce du recueil.

— Arrest du Conseil d'Estat, par lequel il est ordonné que lettres de
jussion et déclaration de la volonté du Roy seront expédiées à la
Cour de Parlement de Paris, pour rendre les pourveuz des offices
de Contrerooleurs des tiltres et Greffiers des notifications jouissans
de leursdicts offices, suyvant les édicts de création et déclarations
de Sa Majesté expédiées en conséquance d'iceux. — *Paris*, 1586,
12 pages in-8°, tome Ier, 22e pièce du recueil.

— Arrest du Conseil d'Estat pour les petits sceaux. — *Paris*, 1633,
8 pages in-8°, tome III, 28e pièce du recueil.

1278. **ARREST** du Conseil d'Estat, servant de réglement pour le paye-
ment des droicts des francs-fiefs et nouveaux acquests, deubs par
les ecclésiastiques, communautez, et autres gens de main-morte. —
Paris, 1673, 4 feuilles in-4°, 8e pièce du recueil.

2047. **ARREST** du Conseil d'Estat, sur l'observation entretenement et
exécution des édicts et création des offices de lieutenans particuliers,
assesseurs criminels premiers conseillers ....., en toutes villes,
justices, et juridictions royalles de ce royaume. — *Paris*, 1624,
40 pages in-8°, tome III, 3e pièce du recueil.

1353. ARREST du Conseil d'Etat du Roi, qui casse un arrêt de la cour des Aides du 25 janvier 1775.....; ce faisant a gardé et maintenu les Conseillers du Roi, Notaires au Châtelet de Paris, dans le droit et possession de faire tous les inventaires et autres actes de la juridiction volontaire, à l'exclusion de tous Juges et Officiers quelconques, etc., etc. — *Paris,* 1776, in-4°, 2ᵉ pièce du recueil.

1354. ARREST du Conseil donné sur requeste, par lequel il est deffendu aux quatre Notaires et Secrétaires de la Cour de Parlement et tous autres, de troubler et empescher les Notaires du Chastelet de Paris en l'exercice et fonction de leurs offices. Extraict des registres du Conseil privé du Roy. — *Paris,* 1602, 2 feuilles in-4°, 15ᵉ pièce du recueil.

2047. ARREST du Conseil du Roy, donné au profit des Enquesteurs et Commissaires examinateurs. — *Paris,* 1633, 8 pages in-8°, tome IV, 11ᵉ pièce du recueil.

— Arrest du Conseil et de la Cour de Parlement, portant réglement, entre les Lieutenans généraux et particuliers et les Commissaires enquesteurs examinateurs, Notaires, Tabellions et Greffiers, sur le subject des inventaires et garde des minutes, informations, interrogatoires, enquestes, grosses et expéditions d'icelles. — *Paris,* 1633, 14 pages in-8°, tome II, 22ᵉ pièce du recueil.

— Arrest du Conseil, pour jouyr par les propriétaires des offices de Greffiers, et maistres Clercs anciens, alternatifs et triannaux, Greffiers des affirmations, Gardes de petits sceaux et doublement d'iceux et Commissaires des vivres, de leurs droicts sur tous les droicts imposez depuis leur création, etc. — *Paris,* 1630, 22 pages in-8°, tome III, 31ᵉ pièce du recueil.

— Arrest du Conseil privé du Roy, portant réglement général entre les propriétaires des greffes, places de Clercs et leur commis en tous les bailliages, sièges présidiaux et sénéchaussées de ce royaume. — *Paris,* 1638, 8 pages in-8°, tome IV, 28ᵉ pièce du recueil.

— Arrest et réglement définitif du Conseil privé du Roy, donné
entre les Greffiers des notifications de tous contracts, et les autres
Greffiers, Tabellions, Notaires royaux et subalternes. — *Paris*, 1634,
8 pages in-8°, tome IV, 13e pièce du recueil.

— Arrest et réglement notable et deffinitif du Conseil d'Estat du Roy,
confirmatif de plusieurs du Parlement de Paris. — *Paris*, 1629,
15 pages in-8°, tome III, 26e pièce du recueil.

— Arrest et réglement solennel pour l'exercice des greffes civil et
criminel de la Cour de Parlement, pour scavoir en quel desdits
greffes il se faut adresser pour faire les expéditions de toutes sortes
de procès, et les instructions d'iceux. — *Paris*, 1635, 13 pages in-8°,
tome IV, 17e pièce du recueil.

— Arrest notable de la Cour de Parlement, portant réglement entre
les Greffiers et les Commissaires examinateurs et adjoincts sur le
fait des informations, enquestes et interrogatoires tant civiles que
crimineles, et tous autres actes de justice. — *Paris*, 1633, 7 pages
in-8°. tome IV, 14e pièce du recueil.

— Arrest notable des Commissaires enquesteurs examinateurs, contenant la taxe que les Greffiers doivent prendre de leurs grosses
et expéditions. — *Paris*, 1627, 15 pages in-8°, tome III, 10e pièce du
recueil.

1354. **ARREST** par lequel est dit que les interdictions seront publiées
à son de trompe, aux carrefours et aux marchez. — Extraict des
registres de Parlement. — S. l. (1614), 2 pages in-4°, 24e pièce du
recueil.

— Arrest par lequel il est défendu à tous Commissaires, Huissiers,
Sergens et Greffiers du Trésor, Bailliage du Palais et autres, de ne
faire aucun inventaire, encore qu'ils feussent à ce condamnez par
Monsieur le Prévost de Paris ou son Lieutenant, Juges du Trésor
et Bailly du Palais, et aux Commissaires de faire aucun partage

qu'après qu'il aura esté ordonné par sentences et jugement contradictoirement donné par juges compétants, sans fraude n'y supposition d'instance ; et encore après telle sentence donnée pourront les Notaires faire les partages si les parties le requièrent. — S. l. (1607), 4 pages in-4°, 16e pièce du recueil.

2047. ARRESTS de la Cour de Parlement, portant réglement entre les Président, Lieutenant général, criminel, particulier, assesseurs, conseillers, Greffiers, etc., etc. — *Paris*, 1629, 6 pages in-8°, tome III, 25e pièce du recueil.

— Arrests de la Cour des Aydes, pour le réglement des salaires des Clercs du greffe d'icelle : Ensemble le nom des villes esquelles y a eslections, en chef ou particulières et greniers à sel, et distances d'icelles. — *Paris*, 1622, 43 pages in-8°, tome Ier, 38e pièce du recueil.

1354. ARRESTS (Deux) par lesquels il est deffendu aux Commissaires de prendre le serment d'aucune personne que ce soit pour le fait des inventaires, et que c'est aux Notaires à prendre ledit serment. — S. l. (1610), 4 pages in-4°, 19e pièce du recueil.

2047. ARRESTS du Conseil d'Estat, donnez en interprétation et exécution de l'édict du mois de juin 1627, portant création des offices de Clerc de l'audience et Greffiers des notifications en tous les sièges présidiaux et justices royales de ce royaume. — *Paris*, 1629, 23 pages in-8°, tome III, 17e pièce du recueil.

— Arrests du Conseil d'Estat, et lettre patente du Roy sur l'entretenement, observation et exécution des édicts des Lieutenans particuliers, Assesseurs criminels, Commissaires examinateurs, Greffiers d'affirmations, Mestiers, hérédité de Notaires et Contrerolleurs marqueurs de cuirs, cy devant vérifiez en Parlement, en faveur et pour l'acquit des debtes deuës aux Colonnels et Capitaines des régimens Suisses et Grisons, dont la recepte se faict par maistre Hugues de la Garde, etc., etc. — *Paris*, 1617, 15 pages in-8°, tome II, 5e pièce du recueil.

1353. **ARRÊT** de la Cour du Parlement, qui maintient la Compagnie des Conseillers du Roi, Notaires au Châtelet de Paris, dans le droit et possession de procéder dans toute l'étendue du royaume à la confection des inventaires, lorsqu'ils en seront requis par une seule des parties intéressées ; et les Huissiers-Commissaires-Priseurs audit Châtelet, dans le droit et possession de faire des prisées et ventes de meubles dans toute l'étendue de la prévôté et vicomté de Paris, etc., etc. — *Paris*, 1776, in-4°, 1re pièce du recueil.

1222. **ARRÊTS** de réglement rendus par le Parlement de Provence. — *Aix*, 1744, in-4°.

2047. **ARTICLE** dix-huictiesme, extraict de l'édict général du Roy. sur le réglement de la justice et création en hérédité de plusieurs offices : Donné en juin 1627, vérifié en Parlement le 28 dudit mois ......, pour la création et erection en tiltre d'office formé en chacun siège royal, soit capital, présidial ou particulier, etc., etc. — *Paris*, 1628, 40 pages, in-8°, tome Ier, 17e pièce du recueil.

2728. **ASSELIN.** Procès-verbal de la coutume de Chauni et coutume du gouvernement, bailliage et prévoté de Chauni, avec des notes et observations. — *Paris*, 1780, in-8°.

2163. **AUBAINE.** Abolition du droit d'aubaine (Recueil factice contenant des discours et dissertations sur l'abolition du droit d'aubaine). — *Paris*, 1818-1820, 28 pièces en 1 vol. in-8°.

AUBRY et **RAU.** Voyez ZACHARIÆ (C.-S.).

2059. **AUGAN** (J.-B.). Cours de Notariat. — *Paris*, 1825, in-8°.

35. **AUGEARD** (Matthieu). Arrests notables des différens tribunaux du royaume, pour servir de suite au Journal du Palais. — *Paris*, 1756, 2 vol. in-fol.

2672. **AUGER.** Histoire de l'admirable don Quichotte de la Manche, traduction de Filleau de Saint-Martin ; avec un essai sur la vie et sur les ouvrages de Cervantes. — *Paris*, 1825, 6 vol. in-8°.

2

2811. — OEuvres de Molière, avec un commentaire, un discours préliminaire et une vie de Molière. — *Paris*, 1819-1825, 9 vol. in-8°.

1291. — Traité sur les tailles et les tribunaux qui connoissent de cette imposition. — *Paris*, 1788, 3 vol. in-4°.

2697. **AUGER** (L'Abbé). Discours de Lycurgue, d'Andocide, d'Isée, de Dinarque, avec un fragment sous le nom de Démade, traduit en français par l'Abbé Auger. — *Paris*, 1783, in-8°.

2666. — Harangues tirées d'Hérodote, de Thucydide, des histoires grecques de Xénophon, de sa retraite des Dix mille et de sa Cyropédie. — *Paris*, 1788, 2 vol. in-8°.

2251. **AUGER** (L.-F.). Traité élémentaire de la procédure civile. — *Paris*, 1828, in-8°.

AUGUIS. Voyez Dupuis.

86. **AUROUX DES POMMIERS** (Mat.). Coutumes générales et locales du pays et duché de Bourbonnois. Seconde édition. — *Riom*, 1780, 2 vol. in-fol.

85. **AUTOMNE** (Bernard). Commentaire sur les coûtumes générales de la ville de Bordeaux et pays Bourdelois par feu M. Bern. Automne, avec le recueil des arrêts notables, mis en abrégé par M. Antoine Boé, revûs, corrigez, etc., par Pierre Dupin. — *Bordeaux*, 1728, in-fol.

56. — La conférence du droict françois avec le droict romain. — *Paris*, 1629, in-fol.

AUVILLIERS (D'). Voyez Teulet.

20. **AUZANET**. OEuvres de M. Barthelémy Auzanet contenant ses notes sur la coutume de Paris, ses mémoires, réflexions et arrêts sur les questions les plus importantes du droit et de coutume. — *Paris*, 1708, in-fol.

103. Même ouvrage, même édition.

1351. **AVOUÉS**. A Messieurs Berthereau, Lebeau, et Sylvestre de Chanteloup, commissaires nommés par le décret du 25 mars 1808, pour la fixation de l'indemnité accordée aux 112 avoués non maintenus. — S. l. n. d., in-4°, 1re pièce du recueil.

AYRER (Georgius). Voyez SCHULTINGIUS (Ant.).

B

2550. **BACON** (Fr.). OEuvres philosophiques et morales du chancelier Bacon. — *Paris*, 1797, 2 tomes en 1 vol. in-8°.

1282. **BACQUA** (Napoléon). Codes de la législation française. — *Paris*, 1843, in-4°.

1386. **BACQUA DE LABARTHE** (Napoléon). Codes de la législation française. — *Paris*, 1854, in-4°.

39¹. **BACQUET** (Jean). OEuvres. — *Paris*, 1603, in-fol.

39². Même ouvrage. *Paris*, 1664, in-fol.

39³. — OEuvres, augmentées de plusieurs questions, décisions et arrêts des cours souveraines de France par M. Claude de Ferrière, et augmentées dans cette nouvelle et dernière édition par M. Claude-Joseph de Ferrière. — *Lyon*, 1744, 2 vol. in-fol.

BADON-PASCAL. Voyez JOURNAL DES ASSURANCES.

2617. **BAILLIOT** (C.). Guide pratique des opérations de transferts et instruction sur le contentieux des titres. — *Paris*, 1873, in-8° (2 exemplaires).

2318. Même ouvrage, même édition.

2640. **BALLOT** (Ch.). Des effets de la guerre à Paris et en France sur le louage, la propriété et les divers contrats. — *Paris*, 1871, in-8°.

70. **BALUZIUS** (Stephanus). Capitularia regum Francorum ; additae sunt Marculfi monachi et aliorum formulae veteres, et notae doctissimorum virorum. — *Parisiis*, 1677, 2 vol. in-fol.

1011. **BANQUE** territoriale (Recueil de pièces relatives à la Banque territoriale). — *Paris*, 1803-1819, in-4°.

2868. **BARABÉ** (A.). Recherches historiques sur le tabellionnage royal, principalement en Normandie et sur divers modes de contracter à l'époque du Moyen-Age d'après de nombreuses pièces m. ss. et sigillographie normande, etc. — *Rouen*, 1863, in-8°.

2759². **BARANTE** (De). Des communes et de l'aristocratie. — *Paris*, 1821, in-8°.

BARBEYRAC (Jean). Voyez Grotius (Hugues) ; Pufendorf (Baron de).

2760. **BARBIER**. Dictionnaire des ouvrages anonymes et pseudonymes. *Paris*, 1822-1827, 4 vol. in-8°.

2867. **BARBIER** (J.-C.). Procureur général près la Cour de Cassation. (1ᵉʳ mai 1882 — 26 novembre 1884). Discours et réquisitoires. — *Paris*, 1888, in-8°.

2506. **BARÊME** des droits d'enregistrement, hypothèque, greffe et timbre. — *Paris*, 1807, in-12.

2661. **BARÈRE** (Bertrand). Les beautés poétiques d'Edouard Young, avec une notice sur Edouard Young, par J. Evans. — *Paris*, 1804, in-8°.

BARRIÈRE. Voyez Berville ; Campan (Madame).

2555. **BARTHÉLEMY** (J.-J.). Voyage du jeune Anacharsis en Grèce, vers le milieu du ive siècle avant l'ère vulgaire. — *Paris*, 1824, 7 vol. in-8°.

142. **BARTOLUS DE SAXO FERRATO.** Opera. — *Lugduni*, 1581, 5 vol. in-fol.

1. **BASNAGE.** OEuvres de maître Henri Basnage contenant ses commentaires sur la coutume de Normandie et son traité des hypothèques. 4e édition augmentée de notes relatives à la jurisprudence du Palais. — *Rouen*, 1778, 2 vol. in-fol.

94. — La coutume réformée du païs et duché de Normandie, anciens ressorts et enclaves d'iceluy. — *Rouen*, 1681, 2 vol. in-fol.

2800. **[BASNAGE DE BEAUVAL].** Histoire des ouvrages des sçavans. — *Rotterdam*, 1687, in-12. (Barbier dit 24 vol. quoiqu'il n'y en ait qu'un seul.)

27. **BASSET** (Jean-Guy). Plaidoyez et arrests de la Cour de Parlement, aydes et finances de Dauphiné, sur plusieurs questions notables tant en matières bénéficiales que civiles et criminelles. — *Paris*, 1695, 2 vol. in-fol.

2215. **BATAILLARD** (Ch.). Du droit de propriété et de transmission des offices ministériels, de ses précédents historiques, de son principe actuel et de ses conséquences. — *Paris*, 1840, in-8°.

2675. **BATTEUX** (L'Abbé). Histoire des causes premières, ou exposition sommaire des pensées des philosophes sur les principes des êtres. *Paris*, 1769, in-8°.

2834. — La morale d'Epicure, tirée de ses propres écrits. — *Paris*, 1758, in-12.

2127. **BATTUR** (G.-B.). Traité de la communauté de biens entre époux. *Paris*, 1830, 2 vol. in-8°.

2124. **BATTUR** (G.-B.). Traité des privilèges et hypothèques. — *Paris*, 1818, 2 vol. in-8°.

2444. **BAUDIER** (Michel). Histoire de la vie et de l'administration du Cardinal Ximénès, annotée et précédée d'une introduction et d'une notice sur Michel Baudier et ses divers ouvrages par Ed. Baudier. — *Paris*, 1851, in-8°.

2292. **BAUDOT** (J.-F.). Traité méthodique sur l'accomplissement des formalités hypothécaires. — *Paris*, 1822, in-8°.

2899. **BAUDRY-LACANTINERIE** (G.). Précis de droit civil. (Tome Ier, 5° édit. — Tomes II et III, 4° édit.). — *Paris*, 1894-1893 (*sic*), 3 vol. in-8°.

130. **BAYLE** (Pierre). Dictionnaire historique et critique. 3° édition. — *Rotterdam*, 1720, 4 vol. in-fol.

1295. **BAZINGHEN** (Abot de). Traité des monnoies et de la jurisdiction de la cour des monnoies. — *Paris*, 1764, 2 vol. in-4°.

BEAUMANOIR (Ph. de). Voyez Thaumas de la Thaumassière.

BEAUVAIS DE PRÉAU. Voyez Polluche.

2535. **BECCARIA.** Traité des délits et des peines. — *Neuchatel*, 1797, in-8°.

1257. **BÉCHET** (Cosme). Coutume du siège royal de Saint-Jean-d'Angély en Saintonge. — *Paris*, 1701, in-4°.

1355. **BECK** (J.-L.-G.). Corpus juris civilis. Editio stereotypa. — *Lipsiae*, 1829, in-4°.

2257. **BÉDARRIDE** (J.). Traité des faillites et banqueroutes ou commentaire de la loi du 28 mai 1838. — *Paris*, 1844, 2 tomes en 1 vol. in-8°.

2543. — Traité du dol et de la fraude en matière civile et commerciale. *Paris*, 1867, 4 vol. in-8°.

2023. BELJAMBE (Michel). Notice biographique sur Michel Beljambe. Voyez Silvestre.

1225. BELLAMI. Traité de la perfection et confection des papiers terriers généraux du Roy, des appanages des princes, seigneurs, etc. — *Paris*, 1746, in-4°.

2378. BELLART (N.-F.). OEuvres. — *Paris*, 1827-1828, 6 vol. in-8°.

2027. BELLET (Victor). Offices et officiers ministériels. — *Paris*, 1850, in-8°.

2158. BELLEYME (De). Ordonnances sur requêtes et sur référés. — 2ᵉ édition, *Paris*, 1844, 3 vol. in-8°.

— 3ᵉ édition, *Paris*, 1855, 2 vol. in-8°.

2112. BELLOT DES MINIÈRES. Commentaire sur l'arbitrage volontaire et forcé. — *La Réole*, 1838, 3 vol. in-8°.

2113. BELLOT DES MINIÈRES (P.-II.). Traité du contrat de mariage. — *Paris et Chartres*, 1838, 4 vol. in-8°.

2207. BELMONDI. Code des contributions directes, ou Recueil méthodique des lois, ordonnances, réglemens, instructions et décisions sur cette matière. — *Paris*, 1818-1820, 3 vol. in-8°.

2041. BELMONDO (Giuseppe). Istruzione per l'esercizio degli uffizj del notajo nel Piemonte. — *Torino*, 1814-1815, 4 vol. in-8°.

2120. BENECH. De l'emploi et du remploi de la dot sous le régime dotal. 2ᵉ édition. — *Paris*, 1847, in-8°.

2131. — De l'illégalité de l'adoption des enfants naturels. — 2ᵉ édition. — *Paris*, 1845, in-8°.

2132. — De la quotité disponible entre époux d'après l'article 1094 du Code civil, ou nouvelle explication de cet article. — *Paris*, 1842, in-8°.

2270. BENECKE (W.) et **DUBERNAD**. Traité des principes d'indemnités en matière d'assurances maritimes et de grosse aventure sur navires et marchandises, et de leur application usuelle à l'exécution des contrats de cette nature, et au règlement de tous les droits qui peuvent en résulter. — *Paris*, 1825, 2 vol. in-8°.

2312. BENOIT (X.). Traité de la dot, ou développement des principes exposés au chapitre III du livre III du Code civil. — *Grenoble et Paris*, 1829. 2 vol. in-8°.

BENOIT DE COURT. Voyez MARTIAL D'AUVERGNE.

2463. BENTHAM (J.). Traités de législation civile et pénale, ouvrage extrait des manuscrits de M. Jérémie Bentham, par Et. Dumont. — *Paris*, 1820, 3 vol. in-8°.

97. BÉRAULT, GODEFROY et **D'AVIRON**. Commentaire sur la coutume de Normandie. Nouvelle édition. — *Rouen*, 1776, 2 vol. in-fol.

97. BERAULT (Josias), **GODEFROY** (Jacques) et **D'AVIRON**. La Coutume réformée du païs et duché de Normandie, anciens ressorts et enclaves d'iceluy. — *Rouen*, 1684, 2 vol. in-fol.

2780. BERCHOUX (J.). La danse, ou les Dieux de l'opéra, poëme. — *Paris*, 1806, in-12.

2781. — La gastronomie, poëme. — *Paris*, 1819, in-12.

1140. BÉRENGER. Les Novelles de l'empereur Justinien, traduites en français par Bérenger. — *Metz*, 1811-1810 (*sic*), 2 vol. in-4°.

2043. BERGE (E.-D.). Histoire du Notariat suivie de considérations générales sur l'état actuel de cette institution. — *Paris*, 1815, in-8°.

2767. BERINGTON (J.). Histoire littéraire des Arabes ou des Sarrazins pendant le moyen âge, traduit de l'anglais par A.-M.-H. B[oulard]. — *Paris*, 1823, in-8°. 2e pièce du recueil.

— Histoire littéraire des Grecs pendant le moyen âge, ouvrage traduit de l'anglais par A.-M.-H. Boulard. — *Paris*, 1822, in-8°, 1re pièce du recueil.

2766. — Histoire littéraire des quatorze premiers siècles de l'ère chrétienne et de la première moitié du quinzième, traduit de l'anglais par A.-M.-H. B[oulard]. — *Paris*, 1814-1822, 5 tomes en 1 vol. in-8°.

2659. **BERNADAU**. Antiquités bordelaises ou tableau historique de Bordeaux et du département de la Gironde. — *Bordeaux*, 1797, in-8°.

2478. **BERNARDI**. Essai sur les révolutions du droit françois. — *Paris*, 1785, in-8°.

2540. **BERODE** (F.). Histoire du droit usuel. Répertoire des usages, coutumes, règlements administratifs et civils en vigueur dans les départements du Nord et du Pas-de-Calais. — *Paris*, 1867, 2 tomes en 1 vol. in-8°.

2154. **BERRIAT-SAINT-PRIX** (J). Cours de droit criminel fait à la Faculté de Droit de Paris. 4e édition. — *Paris*, 1836, in-8°.

2161. — Cours de procédure civile. 6e édition. — *Paris* 1835, 2 vol. in-8°.

2168. **BERRIAT-SAINT-PRIX** (Ch.). Législation de la chasse et de la louveterie commentée. — *Paris*, 1845, in-8°.

BERROYER. Voyez Duplessis.

1264. **BERROYER** (Cl.) et **LAURIÈRE** (E. de). Bibliothèque des coutumes. — *Paris*, 1699, in-4°.

2757. **BERTAULD** (A.). Questions pratiques et doctrinales du Code Napoléon. — *Paris*, 1867, in-8°.

BERTHELOT. Voyez Hulot.

2138. BERTIN. Chambre du conseil en matière civile et disciplinaire ; jurisprudence du tribunal de la Seine, introduction par Debelleyme. — *Paris*, 1853-1854, 2 vol. in-8°.

— 2e édition. — *Paris*, 1856, 2 vol. in-8°.

2140. — Ordonnances de référé. — *Paris*, 1875, in-8°.

2139. — Ordonnances sur requête. — *Paris*, 1874, in-8°.

2608. Même ouvrage, même édition.

2882. BERTRAND (Ern.). Étude sur les diverses législations relatives aux aliénés. Loi sur les aliénés; procès-verbaux de la commission chargée d'étudier les modifications à introduire dans la loi du 30 juin 1838. — *Paris*, 1872, in-8°.

2816. BERVILLE et **BARRIÈRE**. Mémoires de Madame Roland, avec une notice sur sa vie, des notes et des éclaircissemens historiques. (Collection des mémoires relatifs à la Révolution française). — *Paris*, 1827, 2 vol. in-8°.

2813. — Mémoires du marquis de Ferrières, avec une notice sur sa vie, des notes et des éclaircissements historiques. — *Paris*, 1821-1822, 3 vol. in-8°.

2023. BEVIÈRE. De la nécessité de la suppression du contrôle des actes des Notaires et des moyens d'en remplacer le produit. — *Paris*, 1790, in-8°, 1re pièce du recueil.

BEVY (Joly de). Voyez Bouhier.

68. BEXON (Scipion). Application de la théorie de la législation pénale ou Code de la sûreté publique et particulière..., rédigé en projet pour les États de Sa Majesté le Roi de Bavière. — *Paris*, 1807, in-fol.

BEZARD (V.-A.). Voyez Gorges (J.-M.).

2630. BIBLE (La Sainte). — *Paris*, 1819, in-8°.

1200. **BIELFELD** (Baron de). Institutions politiques. — *La Haye*, 1760, 2 tomes en 1 vol. in-4°.

913. **BIENAIMÉ** (Auguste). Tableaux des intérêts, calculés pour tous les taux et toutes les sommes, depuis un jusqu'à deux cent soixante-douze jours. 2ᵉ édition. — *Paris*, 1877, in-4°.

1246. **BILLECART** (Loüis). Coustumes de Chaalons. — *Paris*, 1676, in-4°.

1103. **BILLECOQ**. Traité des fiefs. Nouvelle édition. — *Paris*, 1749, in-4°.

1331. **BILLY** (E. de). Rapport de la commission des finances à l'Assemblée générale des fondateurs de la Société de secours aux blessés. — *Paris*, 1873, in-4°.

1381. Même ouvrage, même édition.

9. **BINKERSHOEK** (Cornelius Van). Opera omnia. — *Coloniæ Allobrogum*, 1761, 2 tomes en 1 vol. in-fol.

2149. **BIOCHE**. Dictionnaire de procédure civile et commerciale, 3ᵉ édition. — *Paris*, 1850-1852, 6 vol. in-8°.

2677. **BIOGRAPHIE** des hommes vivants, ou histoire par ordre alphabétique de la vie publique de tous les hommes qui se sont fait remarquer par leurs actions ou leurs écrits. — *Paris*, 1816-1819, 5 vol. in-8°.

2908. **BIPPERT** (H.). Code civil du canton de Vaud annoté et expurgé, suivi de ses lois accessoires et terminé par le Code fédéral des obligations. — *Lausanne*, 1892, in-12.

2579. **BITAUBÉ** (P.-J.). L'Iliade d'Homère avec des remarques, précédée de réflexions sur Homère et sur la traduction des poètes. — *Paris*, 1810, 3 vol. in-8°.

2841. — L'Odyssée d'Homère, avec des remarques, précédée d'observations sur l'Odyssée et de réflexions sur la traduction des poètes. 4ᵉ édition. — *Paris*, 1810, 3 vol. in-8°.

2476. **BLACKSTONE**. Commentaires sur les loix angloises, traduits de l'anglois, par Mr. D. G[omicourt]. — *Bruxelles*, 1774-1776, 6 vol. in-8°.

2377. **BLANC** (Et.). L'inventeur breveté. Code des inventions et des perfectionnements. — *Paris*, 1845, in-8°.

2264. — Traité de la contrefaçon et de sa poursuite en justice. — *Paris*, 1838, in-8°.

2386. **BLANC SAINT-BONNET**. Code des brevets d'invention de perfectionnement et d'importation. — *Paris*, 1824, in-8°.

2. **BLANCHARD** (Guillaume). Compilation chronologique contenant un recueil en abrégé des ordonnances, édits, déclarations et lettres patentes des Rois de France, qui concernent la justice, la police et les finances, avec la datte de leur enregistrement dans les greffes des compagnies supérieures, depuis l'année 987 jusqu'à présent. — *Paris*, 1715, 2 vol. in-fol.

1119. — Table chronologique contenant un recueil en abrégé des ordonnances, édits, déclarations et lettres patentes des Rois de France qui concernent la justice, la police et les finances, depuis l'année 1115 jusqu'à présent. — *Paris*, 1688, in-4°.

34¹. **BLONDEAU** (Claude) et **GUÉRET** (Gabriel). Journal du Palais ou recueil des principales décisions de tous les Parlemens et Cours souveraines de France. 3ᵉ édition. — *Paris*, 1713, 2 vol. in-fol.

34². — Même ouvrage. 4ᵉ édition, 1755, 2 vol. in-fol.

1252. **BOBÉ** (Jean). Commentaire sur les coutumes générales du bailliage de Meaux, avec des notes sur la coutume de Paris.— *Paris* 1683, in-4° (2 exemplaires).

2783. **BODIN** (J.-F.). Recherches historiques sur l'Anjou et ses monumens. — Angers et le Bas-Anjou. — *Saumur*, 1821-1823, 2 vol.
in-8°.

2784. — Recherches historiques sur la ville de Saumur, ses monumens
et ceux de son arrondissement. — *Saumur*, 1812-1814, 2 vol. in-8°.

BOICEAU (Jean). Voyez Danty.

2458. [**BOILEAU** (de)]. Recueil de réglemens et recherches concernant
la municipalité. — *Paris,* 1784-1786, 4 vol. in-12.

2593. **BOILEAU-DESPRÉAUX**. Œuvres de Boileau-Despréaux avec un
commentaire de M. de Saint-Surin. — *Paris*, 1821, 4 vol. in-8°.

2545. **BOILEUX** (J.-M.). Commentaire sur le Code Napoléon. — *Paris*,
1856-1860, 7 vol. in-8°.

BOINVILLIERS. Voyez Furgault.

BOISSIÈRE. Voyez Michel.

2418. **BONALD**. OEuvres de M. de Bonald. — *Paris*, 1817, 4 vol. in-8°.

36. **BONIFACE** (Hyacinthe). Arrests notables de la Cour du Parlement
de Provence, Cour des Comptes, Aydes et Finances du même païs.
— *Lyon*, 1708-1689 (*sic*), 5 vol. in-fol.

2713. **BONNAIRE DE PRONVILLE**. Pouvoir législatif sous Charlemagne. — *Brunswick*, 1800, 2 vol. in-8°.

2480. [**BONNAUD** ou **MALESHERBES**]. Mémoire sur le mariage des
protestans en 1785. — S. l. n. d., in-8°.

2480. **BONNAUD** (l'Abbé). — Discours à lire au conseil, en présence
du Roi, sur le projet d'accorder l'état civil aux protestans. — S. l.
1787, in-8°.

2029. **BONNESŒUR**. Nouveau manuel théorique et pratique de la taxe
des frais en matière civile. — *Paris*, 1857, in-8°.

2539. Même ouvrage. — *Paris*, 1864, in-8°.

1271. **BORNIER** (Philippe). Conférences des ordonnances de Louis XIV, Roy de France et de Navarre, avec les anciennes ordonnances du royaume, etc., etc. — Nouvelle édition corrigée et augmentée par M. [Bourdot de Richebourg]. — *Paris*, 1744, 2 vol. in-4° (2 exemplaires).

1326. **BOSSUET** (J.-B.). Discours sur l'histoire universelle à Monseigneur le Dauphin, pour expliquer la suite de la religion et les changemens des empires. — *Paris*, 1732, in-4°.

2551. **BOSSUET**. Oraisons funèbres de Bossuet. Voyez Dussault et Théry.

1143. **BOUCHAUD**. Commentaire sur la loi des douze tables. — *Paris*, 1787, in-4°.

1344. **BOUCHE** (Ch.-Fr.). Essai sur l'histoire de Provence suivi d'une notice des Provençaux célèbres. — *Paris*, 1785, 2 vol. in-4°.

1260. **BOUCHEL** (Laurent). Les coutumes générales des bailliages de Senlis, comté de Clermont en Beauvoisis et duché de Vallois. — *Paris*, 1631, in-4°.

2380. **BOUCHER** (P.-B.). Manuel des arbitres, ou traité complet de l'arbitrage. — *Paris*, 1807, in-8°.

2092. **BOUCHER D'ARGIS**. Édit de Louis XV, portant création de conservateur des hypothèques sur les immeubles réels et fictifs, et abrogation des décrets volontaires. — Donné à Versailles, au mois de juin 1771. — *Paris*, 1786, in-8°.

2240. — Nouveau dictionnaire raisonné de la taxe en matière civile, suivi du texte des tarifs et des ordonnances qui s'y rattachent, à l'usage de toutes les cours et de tous les tribunaux. — *Paris*, 1844, in-8°.

2082. — Ordonnance de Charles IX, donnée à Orléans au mois de janvier 1560. — *Paris*, 1786, in-32.

2079. — Ordonnance du roi François Ier, donnée à Villers-Cotterets au mois d'août 1539. — *Paris*, 1786, in-32.

2083. — Ordonnance du roi Henri III, sur les plaintes et doléances faites par les députés des États de son royaume, convoqués et assemblés en la ville de Blois. Donnée à Paris au mois de mai 1579. — *Paris*, 1788. in-32.

2080. — Ordonnances du roi Charles IX, données à Roussillon, au mois de janvier 1563 et à Moulins, au mois de février 1566. — *Paris*, 1787, in-32.

2503. BOUCHER D'ARGIS (Ant.-Gasp.). Code rural, ou maximes et réglemens concernant les biens de campagne. — *Paris*, 1774, 3 vol. in-12.

2504. — Traité de la crue des meubles au-dessus de leur prisée. — *Paris*, 1741, in-12.

— Même ouvrage. — *Paris*, 1768, in-12.

1108. — Traité des gains nuptiaux et de survie qui sont en usage dans les païs de droit écrit, tant du ressort du Parlement de Paris que des autres Parlemens. — *Lyon*, 1738, in-4°.

— Voyez Bretonnier.

106. BOUCHEUL (Joseph). Coûtumier général ou corps de compilation de tous les commentateurs sur la coûtume du comté et pays de Poitou, avec les conférences des autres coûtumes, les notes de M. Charles Du Moulin et de nouvelles observations sur le tout, tant de coûtumes que de droit écrit. — *Poitiers*, 1727, 2 vol. in-fol.

1094. Traité des conventions de succéder ou successions contractuelles. — *Poitiers*, 1727, in-4°.

2363. BOUDET (A.-G.-G.). Traité des rentes foncières. — *Paris*, An IX, in-8°.

2114. — Traité sur les domaines engagés et sur la loi du 14 ventôse, an VII. — *Paris*, An VIII, in-8°.

2181. **BOUDOUSQUIÉ** (P.-A.). Traité de l'assurance contre l'incendie, suivi des statuts, des polices et des tarifs des compagnies d'assurances établies à Paris. — *Paris*, 1829, in-8°.

89. **BOUHIER.** Les coutumes du duché de Bourgogne, avec les anciennes coutumes, tant générales que locales de la même province non encore imprimées. — *Dijon*, 1742-1746, 2 vol. in-fol.

40. — OEuvres de jurisprudence de M. Bouhier, recueillies et mises en ordre avec des notes et additions par M. Joly de Bevy. — *Dijon*, 1787-1788, 2 vol. in-fol.

2716. [**BOUHIER**]. Traité de la dissolution du mariage pour cause d'impuissance avec quelques pièces curieuses sur le même sujet. — *Luxembourg*, 1735, in-8°.

2334. **BOULANGER** (E.). Traité théorique et pratique des radiations hypothécaires, 3° édition, publiée avec la collaboration de R. de Récy. — *Paris*, 1886, 2 vol. in-8°.

2847. **BOULARD** (A.-M.-H.). Catalogue des livres de la bibliothèque de feu M. Boulard, Notaire honoraire à Paris, tome 1ᵉʳ. — *Paris*, 1828, in-8°.

— Voyez Butler (Ch.) ; Berington (J.) ; Henry (Robert) ; Jamieson ; Ryan (Ed.).

2023. **BOULARD, PARMENTIER** et **BENARD.** Discours prononcés le 19 mai 1807 aux obsèques de M. Fieffé, membre du corps législatif et ancien Notaire de cette ville. — *Paris*, 1807, in-8°, 9° pièce du recueil.

2379. **BOULAY-PATY** (P.-S.). Des faillites et banqueroutes. — *Paris*, 1825, 2 vol. in-8° (2 exemplaires).

1265. BOULLENOIS (Louis). Dissertations sur des questions qui naissent de la contrariété des loix et des coutumes. — *Paris*, 1732, in-4°.

1180. — Traité de la personnalité et de la réalité des loix, coutumes ou statuts, par forme d'observations, auquel on a ajouté l'ouvrage latin de Rodenburgh, etc. — *Paris*, 1766, 2 vol. in-4°.

1167. BOUQUET. Le droit public de France éclairci par les monumens de l'antiquité. — *Paris*, 1756, in-4°, tome 1er et unique.

2667. BOURBON. Histoire généalogique et chronologique de la maison royale de Bourbon, contenant les naissances, actions mémorables, etc. Voyez Achaintre (N.-L.).

112¹. BOURDOT DE RICHEBOURG (Charles - A.). Nouveau coutumier général ou corps des coutumes générales et particulières de France, et des provinces connues sous le nom des Gaules; avec les notes de MM. Toussaint Chauvelin, Julien Brodeau et Jean-Marie Ricard, etc. — *Paris*, Michel Brunet, 1724, 4 tomes en 8 vol. in-fol.

112². — Même ouvrage, *Paris*, Claude Robustel, 1724, 4 tomes en 8 vol. in-fol.

— Voyez Bornier (Philippe).

2641. BOURGADE. Le Crédit foncier de France, le Crédit agricole et les emprunteurs. — *Paris*, 1861, in-8°.

2616. — Les contribuables et l'enregistrement. Guide pratique de la transmission de la propriété en matière de successions, ventes, échanges, etc. — *Paris*, 1865, in-8°.

2658. BOURGADE (M.-F.). Instruction sur la formation et la tenue du registre de l'état civil de la propriété foncière. — *Mézières*, 1863, in-12.

— Registre de l'état civil de la propriété foncière. Instruction sur la formation et la tenue du registre de l'état civil de la propriété foncière, etc. — *Mézières*, s. d. in-12 (3 exempl.)

1347. **BOURGET**. Voyez Testament argué de faux.

2023. **BOURGOIS**. Éloge de Monsieur Laisné, notaire et colonel de la 8ᵉ Légion de la Garde nationale de Paris. — *Paris*. 1821, in-8°, 10ᵉ pièce du recueil.

BOURGUIGNAT (A.). Voyez Mathieu (A.).

2391. **BOURGUIGNON**. Conférence des cinq Codes. — *Paris*, 1818, in-8°.

2509. — Dictionnaire raisonné des lois pénales de France. — *Paris*, 1811, 3 vol. in-8°.

2510. — Jurisprudence des Codes criminels et des lois sur la répression des crimes et des délits commis par la voie de la presse, etc. — *Paris*, 1825, 3 vol. in-8°.

45. **BOURJON** (François). Le droit commun de la France et la coutume de Paris. — *Paris*, 1747, 2 vol. in-fol.

2313. **BOUSQUET**. Des conseils de famille, avis de parens, tutelles et curatelles. — *Paris*, 1813, 2 vol. in-8°.

1146. **BOUTARIC** (François de). Les Institutes de l'empereur Justinien conférées avec le droit françois. — *Paris*, 1740, in-4°.

1268. **BOUTEILLER** (Jean). Somme rural, ou grand coustumier général de practique civil et canon. Reveu et corrigé par Louys Charondas le Caron. — *Paris*, 1611, in-4°.

2415. **BOYER** (L'Abbé de). — Principes sur l'administration temporelle des paroisses. — *Paris*, 1786, 2 vol. in-12.

2314. **BRÉARD-NEUVILLE** (de). Pandectes de Justinien. Voyez Pothier.

127. **BRÉQUIGNY** (M. de). Table chronologique des diplômes, chartes, titres et actes imprimés concernant l'histoire de France. — *Paris*, 1769-1783, t. I, II, III, in-fol.

2322. BRESSOLLES (Paul). Théorie et pratique des dons manuels. — *Paris*, 1885, in-8°.

2070. BRETONNIER. Recueil par ordre alphabétique des principales questions de droit qui se jugent diversement dans les différens tribunaux du royaume. Nouvelle édition par M. Boucher d'Argis. — *Paris*, 1742, in-8° (2 exemplaires).

1022. — Recueil par ordre alphabétique des principales questions de droit qui se jugent diversement dans les différents tribunaux du royaume. — *Paris*, 1783, in-4°.

— Voyez Henrys (Claude).

37¹. BRILLON (Pierre-Jacques). Dictionnaire des arrêts, ou jurisprudence universelle des Parlemens de France et autres tribunaux, contenant par ordre alphabétique les matières bénéficiales, civiles et criminelles, les maximes du droit ecclésiastique, du droit romain, du droit public, des coutumes, ordonnances, édits et déclarations. — *Paris*, 1727, 6 vol. in-fol.

37². Même ouvrage : *Paris*, 1711, 3 vol. in-fol.

14. BRISSONIUS (Barnabae). Opera minora varii argumenti. — *Lugduni Batavorum*, 1749, in-fol.

100. BRODEAU (Julien). Coustumes de la prévosté et vicomté de Paris. Seconde édition. — *Paris*, 1669, 2 vol. in-fol.

— Voyez Louet (Georges).

2770. BRUNET (J.-Ch.). Manuel du libraire ou de l'amateur de livres. *Paris*, 1820, 4 vol. in-8°.

1030. BRUNET (Jean-Louis). Le Parfait Notaire apostolique et procureur des officialités, contenant les règles et les formules de toute sorte d'actes ecclésiastiques. Seconde édition. — *Paris*, 1775, 2 vol. in-4°.

13. **BRUNO** (Ludger). Législation et jurisprudence du Notariat résumées en 100 tableaux synoptiques, avec observations sur la pratique et la doctrine, plan d'étude et bibliographie suivies d'un ancien ouvrage *Le Code Napoléon* réduit en la même forme. — *Riom*, juin 1857, in-fol.

1197. **BRUSSEL.** Nouvel examen de l'usage général des fiefs en France pendant le xi*e*, le xii*e*, le xiii*e* et le xiv*e* siècle. — *Paris*, 1727, 2 vol. in-4°.

1296. Même ouvrage, même édition.

2762. **BUCHON** (J.-A.). Collection des chroniques nationales françaises, écrites en langue vulgaire du xiii*e* au xvi*e* siècle, avec notes et éclaircissements. (*Manque tome X*). — *Paris*, 1826-1828, 47 vol. in-8°.

— Voyez Dugald Stewart.

2038. **BUDGET** de 1816 (Bulletin des lois n° 81). — *Paris*, 1816, in-8°.

2290. **BUGNET.** OEuvres de Pothier annotées par Bugnet. Voyez Pothier.

4021. **BULLETIN** de la Société de législation comparée. Années 1869-1893. — *Paris*, 1872-1893, 22 vol. in-8°.

— Tables 1869-1880 par Reibaud et Picot. — *Paris*, 1882, in-8°.

— Société de législation comparée. — Session extraordinaire de 1889. Célébration du XX*e* anniversaire de la Société. — *Paris*, 1889, in-8°.

2057. **BULLETIN** de Notariat pratique et d'enregistrement. — *Paris*, 1865-1885, 21 tomes en 4 vol. in-8° (tomés de 1 à 4).

4003. **BULLETIN** des Lois (du 22 prairial An II à 1893). — *Paris*, An II-1893, 212 vol. in-8°. — (*Pour la partie supplémentaire et les tables voir le n° 4004.*)

4004. BULLETIN des Lois (Ordonnances particulières et partie supplémentaire). Depuis le 1er semestre 1832, jusqu'en 1893. — *Paris*, 1832-1893, 133 vol. in-8°.

— Table des lois, décrets, arrêtés, etc., publiés dans le Bulletin des Lois et les collections officielles. — *Paris*, 1816, 4 vol, in-8°.

— Table décennale du Bulletin des Lois (par Longchampt), 1814-1823, 1 vol. — 1824-1833, 1 vol. — 1834-1843, 1 vol. — 1844-1853, 1 vol. — 1854-1863, 1 vol. — 1864-1873, 1 vol. — 1874-1883, 1 vol. — *Paris*, 1816-1887, 7 vol. in-8°.

— Partie supplémentaire : 1854-1863, 1 vol. — 1864-1873, 1 vol. — 1874-1883, 1 vol.

904. BULLETIN municipal. Journal officiel de la ville de Paris. (Juillet 1882-1893.) — *Paris*, 1882-1893, 23 vol. in-fol.

4016. BULLETIN officiel du Ministère de la Justice, décrets, arrêtés, circulaires, décisions. — *Paris*, 1876-1892, 17 tomes en 9 vol. in-8°.

2217. BURETEY. Du régime hypothécaire et vues d'amélioration de ce système. — *Paris* et *Beaune*, 1838, in-8°.

107. BURIDAN (J.-B. de). Coustumes de la cité et ville de Rheims, villes et villages regis selon icelles. Ouvrage posthume donné au public par les soins de M. de Buridan son fils. — *Paris*, 1665, in-fol.

2412. [**BURIGNY** (de)]. Histoire du droit public ecclésiastique françois. — *Londres*, 1740, 3 vol. in-12.

2523. BURLAMAQUI. Élémens du droit naturel, trad. Barbeyrac. — *Paris*, 1820, in-8°, 1re pièce du recueil.

2715. **BURLAMAQUI** (J.-J.). Principes du droit de la nature et des gens, avec la suite du droit de la nature qui n'avait point encore paru, le tout considérablement augmenté par De Felice. — *Yverdon*, 1766-1768, 8 vol. in-8°.

2714. — Principes du droit de la nature et des gens et du droit public en général. Nouvelle édit. revue et augmentée, par Cotelle fils. — *Paris*, 1821, in-8°.

2453. — Principes du droit naturel. — *Genève*, 1748, in-12.

1224. **BURNET**. Histoire de la réformation de l'Église d'Angleterre, traduite de l'anglois par De Rosemond. — *Londres*, 1683, in-4°.

114. **BUSTO** (Emiliano). La administraciòn pública de Méjico. Breve estudio comparativo entre el sistema de administración de hacienda en Francia y el estable cido en Méjico. (Avec la traduction française). — *Paris*, 1889. in-fol.

2402. **BUTLER** (Ch.). Horae biblicae ou recherches littéraires sur la Bible, traduites de l'Anglois par Boulard. — *Paris*, 1810, in-8° (2 exemplaires).

2578. **BUTTURA** (Antonio). La Gerusalemme e l'aminta di Torquato Tasso. — *Parigi*, 1823, 2 vol. in-8°.

C

2066. **CAILLY** (Ch.). Rapport fait par M. Cailly au nom d'une commission spéciale, sur la résolution du premier floréal dernier relative à l'organisation du Notariat. — *Paris*, An VII, in-8°, 5° pièce du recueil

2067. **CAISSE DES PROPRIÉTAIRES**. Précis du plan de la Caisse des propriétaires.

— Considérations sur l'établissement de la Caisse des propriétaires. — *Paris*, 1815, 3 pièces in-8°, 1-3 du recueil.

1234. **CALONNE** (de). Observations et jugements sur les coutumes d'Amiens, d'Artois, de Boulogne et de Ponthieu sur plusieurs matières du droit civil et coutumier. — *Paris*, 1784, in-4°.

3. **CALVIN**. Voyez Kahl (Johannis).

2385. **CAMBACÉRÈS**. Projet de Code civil présenté au Conseil des Cinq-Cents au nom de la commission de la classification des lois. — *Paris*, An IV, in-8°.

2625². **CAMPAN** (Madame). Mémoires sur la vie privée de Marie-Antoinette, suivis de souvenirs et anecdotes historiques sur les règnes de Louis XIV, de Louis XV et de Louis XVI, publiés et mis en ordre par F. Barrière. — *Paris*, 1826, 3 vol. in-8°.

2778. **CAMPBELL** (Thomas). Les plaisirs de l'espérance, suivis de deux odes Pindariques trad. de l'anglais par Albert Montémont. — *Paris*, 1824, in-12.

2547. **CAMPENON**. OEuvres du comte de Tressan, précédées d'une notice sur sa vie et ses ouvrages. — *Paris*, 1823, 10 vol. in-8°.

2851. **CAMPS** (Joseph). Code et dictionnaire d'enregistrement, du timbre, de greffe, d'hypothèque et des contraventions aux lois sur le notariat. — Partie supplémentaire pour les lois en vigueur en Corse, en Algérie et dans les colonies. — *Paris*, 1857, in-8°.

1023. **CAMUS** (Le). Recuëil des actes de notoriété. De l'usage qui s'observe au Chastelet de Paris en plusieurs matières importantes. — *Paris*, 1709, in-4°.

69. CANCIANI (F.-Paul.). Barbarorum leges antiquae cum notis et glossariis. — *Venetiis*, 1781-1789, 4 vol. in-fol.

2045. CARLA (Antoine). Jury notarial ou recueil des principes qui règlent les devoirs du Notaire, la nature et la formalité des actes civils. — *Paris*, An XI-1803, in-8°.

2664. CARLIER (Aug.). De l'esclavage dans ses rapports avec l'union américaine. — *Paris*, 1862, in-8°.

2859. — Histoire du peuple américain (États-Unis), et de ses rapports avec les Indiens, depuis la fondation des colonies anglaises jusqu'à la révolution de 1776. — *Paris*, 1864, 2 vol. in-8°.

2634. — Le mariage aux États-Unis. — *Paris*, 1860, in-12.

2832. CARMINA. Voyez **Sarbievius (Mat.-Cas.)**.

1186. CARNOT (Jos.-Fr.-Cl.). Commentaire sur le Code pénal, contenant la manière d'en faire une juste application, l'indication des améliorations dont il est susceptible, etc., etc. — *Paris*, 1836, 2 vol. in-4°.

1185. — De l'instruction criminelle, considérée dans ses rapports généraux et particuliers avec les lois nouvelles et la jurisprudence de la Cour de cassation. — *Paris*, 1829-1830, 3 vol. in-4°.

1313. CARNOT (Laz.-Nic.-Marg.) De la défense des places fortes. — *Paris*, 1812, in-4°.

1184. CARONDAS LE CARON (Louis). Recueil des anciens édits et ordonnances du Roy, concernant les domaines et droits de la couronne. — *Paris*, 1690, in-4°.

119. CARPENTIER (D.-P.). Glossarium novum ad scriptores medii aevi cum latinos tum gallicos, seu Supplementum ad auctiorem Glossarii Cangiani editionem; accedunt varii indices et Cangii dissertatio de inferioris aevi aut imperii numismatibus; collegit et digessit D.-P. Carpentier. — *Parisiis*, 1766, 4 vol. in-fol. Voyez Du CANGE.

2160. **CARRÉ** (G.-L.-J.). Cours élémentaire d'organisation judiciaire, de compétence, de procédure civile et criminelle, de notariat et de législation pénale, revu et corrigé par Foucher (V.). — *Paris*, 1833, in-8°.

2159. — Le droit français dans ses rapports avec la juridiction des justices de paix. — *Paris*, 1833. 4 vol. in-8°.

1037. — Les lois de la procédure civile, 2e édition. — *Paris*, 1829, 3 vol. in-4°.

1038. — Les lois de l'organisation et de la compétence des juridictions civiles. — *Paris*, s. d., 2 vol. in-4°.

2150. **CARRÉ** et **CHAUVEAU**. Les lois de la procédure civile. — 3e édition, *Paris*, 1848, 6 vol. in-8°.

2462. **CARRIÈRE** (Jos.). De justitia et jure. — *Parisiis*, 1839, 3 vol. in-8°.

47. [**CASENEUVE**]. Le Franc-Alleu de la province de Languedoc. — Seconde édition, *Tolose*, 1645, in-fol.

2081. **CASTEL**. Tableau de toutes espèces de successions régies par la coutume de Paris, et computation des degrés de parenté suivant le droit civil et le droit canon, suivi du texte de la coutume de Paris. — *Paris*, 1785, in-32.

2896. **CATALOGUE**. Bibliothèque du Comité de législation étrangère. Ministère de la Justice. — *Paris*, 1879, in-8°.

125. **CATALOGUE** des Chevaliers, Commandeurs et Officiers de l'Ordre du Saint-Esprit. — *Impr. Ballard*, 1760, in-4°.

2897. **CATALOGUE** des livres imprimés de la bibliothèque des Avocats à la Cour d'appel de Paris. — *Paris*, 1880-1882, 2 vol. in-8°.

1275. **CATELLAN** (Jean de). Arrests remarquables du Parlement de Toulouse qui contiennent beaucoup de décisions nouvelles sur toute sorte de matières. Nouvelle édition revûë et augmentée par François de Catellan et Jacques de Catellan. — *Toulouse*, 1730-1723 (*sic*), 2 vol. in-4º.

— Même ouvrage, enrichi de nouveaux arrêts par Gabriel de Vedel. — *Toulouse*, 1747, 2 tomes en 1 vol. in-4º (tomé par erreur III).

2505. **CATHERINE II**. Instruction donnée par Catherine II, impératrice et législatrice de toutes les Russies, à la Commission établie par...., pour travailler à la rédaction d'un nouveau Code de loix, par **Frey des Landes**.

2691. **CATO** (Dyon.). Disticha, De moribus ad filium. Adnot. addidit Otto Arntzenius. — *Amstelaedami*, 1754, in-8º.

2751. **CATULLE**. Poésies de Catulle, traduction de C.-L. Mollevaut. — *Paris*, 1821, in-12.

2515. **CAUSES CÉLÈBRES** et intéressantes, avec les jugemens qui les ont décidées. — *Paris*, 1734-1743, 20 vol. in-12.

2021. **CELLIER** (H.). La philosophie du Notariat, ou lettres sur la profession de Notaire, adressées à Mᵉ Chardel, conseiller à la Cour de cassation. — *Paris*, 1832, in-8º.

2009. **CELLIER** (N.-H.). Considérations sur le Notariat et la législation. — *Paris*, 1837, in-8º.

2278. — Législation simplifiée, ou application de la méthode synoptique aux actes et contrats. — *Paris*, 1838, in-8º.

2008. — Réforme notariale et vénalité des offices. Deuxième édition, *Paris*, 1840, in-8º.

CERCLET. Voyez ALLIER.

2871. **CÉRÉMONIAL OFFICIEL** (Le) ou les honneurs, les préséances, les rangs et les costumes civils, militaires, maritimes, ecclésiastiques et diplomatiques. — 2ᵉ édition, *Paris*, 1868, in-8°.

2644. **CERFBERR DE MÉDELSHEIM**. Vénalité des offices. Du courtage. — *Paris*, 1865, in-8°.

2672. **CERVANTES**. Essai sur la vie et sur les ouvrages de Cervantes. Voyez AUGER.

2066. **CHABOT**. Opinion de Chabot sur la résolution relative à l'organisation du Notariat. — *Paris*, An VII, in-8°, 8ᵉ pièce du recueil.

2137. **CHABOT DE L'ALLIER**. Commentaire sur la loi des successions. — *Paris*, 1818, 3 vol. in-8°.

1033. — Questions transitoires sur le Code Napoléon. — *Paris*, 1809, 2 vol. in-4°.

1238. **CHABROL**. Coutumes générales et locales de la province d'Auvergne, avec les notes de Mᵉˢ Charles du Moulin, Toussaint Chauvelin, Julien Brodeau et Jean-Marie Ricard ; des observations sur ces coutumes et sur le droit écrit qui régit une partie de la province, et des notes historiques sur les coutumes locales. etc. — *Riom*, 1784-1786, 4 vol. in-4°.

1174. **CHAILLAND**. Dictionnaire raisonné des eaux et forêts. — *Paris*, 1759, 2 vol. in-4°.

2228. **CHAIX D'EST-ANGE**. Discours et plaidoyers de M. Chaix d'Est-Ange, publiés par Ed. Rousse. — *Paris*, 1862, 2 vol. in-8°.

2477. [**CHAMBRIER** (de)]. Essai sur le droit des gens. — S. l., 1795, in-8°.

2465. **CHAMPAGNE**. La politique d'Aristote ou la science des gouvernemens, ouvrage traduit du grec, avec des notes historiques et critiques. — *Paris*, 1797, 2 vol. in-8°.

4009. CHAMPIONNIÈRE et **RIGAUD**. Le contrôleur de l'enregistrement. Voyez Contrôleur de l'enregistrement.

2475. — Traité des droits d'enregistrement, du timbre et d'hypothèques et des contraventions à la loi du 25 ventôse, an XI. — *Paris*, 1835-1851, 6 vol. in-8°.

2604. CHANTAL. Lettres de Sainte-Chantal, fondatrice de l'ordre de la Visitation de Sainte-Marie. — *Paris*, 1823, 2 vol. in-8°.

2364. CHARDON. De l'usure dans l'état actuel de la législation. — *Paris*, 1823, in-8°.

2713. CHARLEMAGNE. Pouvoir législatif sous Charlemagne. Voyez Bonnaire de Pronville.

CHARONDAS LE CARON (Louys). Voyez Bouteiller (Jean).

1155. CHARPENTIER (N.-J.). Tarif de la rente, ou comptes faits des sommes résultant de la vente ou de l'achat d'inscriptions 5 pour 0/0 consolidés suivant les derniers cours de la Bourse. —*Paris*, 1820, in-4°.

2529. CHARRON (Pierre). De la sagesse. — *Amsterdam*, 1782, 2 tomes en 1 vol. in-8°.

87. CHASSENAEUS (Barth.). Consuetudines ducatus Burgundiae fereque totius Galliae. Commentarius. — *Coloniae Allobrogum*, 1616, in-fol.

2648. CHATEAU. Dissertation sur le droit de propriété des offices, sur le droit de présentation et sur le privilège du prédécesseur, au cas de destitution du titulaire de l'office. — *Chartres*, 1856, in-8°.

2431. CHATISEL DE LA NÉRONIÈRE (P.-J.). Dissertation sur les dispenses matrimoniales. — *Paris*, 1789, in-12.

2023. CHAUDOT (Notaire). Rapport fait sur le C^{en} Chaudot, portant qu'il sera fait une pétition à la Convention nationale pour lui demander réhabilitation de la mémoire de ce citoyen. — S. l. n. d. in-8°, 3e pièce du recueil.

1336. CHAUDRUC DE CRAZANNES (Le Baron). Antiquités de la ville de Saintes et du département de la Charente-Inférieure, inédites ou nouvellement expliquées, avec figures. — *Paris,* 1820, in-4°.

131. CHAUFEPIÉ (Jacques-George de). Nouveau dictionnaire historique et critique pour servir de supplément ou de continuation au dictionnaire historique et critique de M. Pierre Bayle. — *Amsterdam et La Haye,* 1750-1756, 4 vol. in-fol.

2150. CHAUVEAU (A.). Code d'instruction administrative, ou lois de la procédure administrative. Ouvrage faisant suite aux lois de la procédure civile de Carré, 3ᵉ édition. — *Paris,* 1848, in-8°.

2179. — De la procédure de l'ordre, commentaire de la loi du 21 mai 1858. — *Paris,* 1859, in-8°.

2189. — Principes de compétence et de juridiction administrative. — *Paris,* 1841-1844, 3 vol. in-8°.

2325. CHAUVEAU (A.) et **GODOFFRE** (A.). Commentaire du tarif en matière civile dans l'ordre des articles du Code de procédure civile. — *Paris,* 1864, 2 vol. in-8°.

1279. CHAUVET (S.). Mémoires historiques concernant l'ordre royal et militaire de Saint-Louis et l'institution du mérite militaire. — *Paris,* 1785, in-4°.

2775. CHEVARD (V.). Histoire de Chartres et de l'ancien pays Chartrain, avec une description statistique du département d'Eure-et-Loir. — *Chartres,* An IX-An X, 2 vol. in-8°.

2501. CHINIAC DE LA BASTIDE DU CLAUX (de). Discours sur la nature et les dogmes de la religion gauloise. — *Paris,* 1769, in-8°, 2ᵉ pièce du recueil.

2846. [CHODERLOS DE LA CLOS]. Les liaisons dangereuses. Lettres recueillies dans une société et publiées pour l'instruction de quelques autres. — *Londres,* 1796, 2 vol. in-8°.

2528. CHRESTIEN DE LIHUS. Odes d'Horace, traduites en vers. — *Paris*, 1842, in-8°.

2309. CHRESTIEN DE POLY (J.-P.). Essai sur la puissance paternelle. — *Paris*, 1820, 2 vol. in-8°.

2580. CICÉRON. La [République de Cicéron, d'après le texte inédit récemment découvert et commenté par M. Mai, avec une trad. française par Villemain. — *Paris*, 1823, 2 vol. in-8°.

2569. CICÉRON (M.-T.). OEuvres complètes de Cicéron, traduites en français, avec le texte en regard par J.-V. Le Clerc. — *Paris*, 1825-1821 (*sic*) 30 vol. in-8°.

1281. [CLEIRAC]. Les us et coutumes de la mer divisés en trois parties : I. De la navigation. II. Du commerce naval, et contrats maritimes. III. De la juridiction de la marine. — *Rouen*, 1671, in-4°.

2196. CLERAULT (St.-Ch.), Traité des établissements dangereux, insalubres ou incommodes. — *Paris*, 1845, in-8°.

2056. CLERC (Ed.). Théorie du Notariat, pour servir aux examens de capacité. — *Paris*, 1852, in-8°.

2544. — Traité général du Notariat et de l'enregistrement. — *Paris*, 1861-1863, 4 vol, in-8°.

2054. CLERC (Ed.) et **DALLOZ** (Arm.). Formulaire raisonné, ou manuel théorique et pratique du Notariat, précédé de la législation du Notariat, de l'enregistrement et des hypothèques. — *Paris*, 1837, in-8° (2 exemplaires).

2055. CLERC (Ed.), **DALLOZ** (Arm.) et **VERGÉ**. Manuel théorique et pratique et formulaire général et complet du Notariat, suivi du Code des Notaires expliqué et d'un traité abrégé de la responsabilité des Notaires. — 2° édition, *Paris*, 1845, in-8°.

— Même ouvrage, 7ᵉ édition, *Paris*, 1881, 2 vol. in-8°.

4022. CLUNET (Ed.). Journal du droit international privé et de la jurisprudence comparée. Voyez JOURNAL.

1188. COCHET DE SAINT-VALIER. Traité de l'Indult du Parlement de Paris, ou du droit que les chanceliers de France, les présidents, maîtres des requestes, conseillers, etc., ont sur les prélatures séculières et régulières du royaume. — *Paris*, 1747, 3 vol. in-4°.

1066. COCHIN. OEuvres de feu M. Cochin, contenant le recueil de ses mémoires et consultations. — *Paris*, 1751-1757, 6 vol. in-4°.

1076. CODE CIVIL ANNOTÉ par J.-B. **Sirey**.

2194. CODE CIVIL, avec des notes explicatives rédigées par des juris-consultes qui ont concouru à la confection du Code. — *Paris*, An XI-1806, 9 vol. in-8°.

2265. CODE CIVIL D'HAITI. — *Paris*, 1826, in-8°.

1217. CODE CIVIL DES FRANÇAIS. Édition originale et seule officielle, — *Paris*, An XII-1804, in-4°.

1357. Même ouvrage, même édition.

2206. Même ouvrage, même édition.

2199. CODE CIVIL. Projet de Code civil, avec les amendemens, additions et observations proposés par la Commission du tribunal de cassation nommée en exécution de l'arrêté des Consuls du 7 germinal An IX. — *Paris*, An IX, 2 fasc. in-8°, 1ʳᵉ et 2ᵉ pièce du recueil.

1153. — Projet de Code civil présenté par la Commission nommée par le gouvernement du 24 thermidor An VIII. — 1ʳᵉ pièce du recueil.

1214 CODE DE COMMERCE. Édition originale et seule officielle. — *Paris*, 1807, in-4°.

— Même ouvrage. — *Paris*, 1810, in-4°.

2848. **CODE** de l'enregistrement et du timbre, ou recueil contenant les lois du 13 brumaire, 22 frimaire, An VII, et autres subséquentes. — *Paris*, An XI, in-8°.

2735. **CODE** de Louis XV, ou recueil des ordonnances et réglemens concernant la justice et autres matières importantes. — *Paris*, 1741, in-32 (2 exemplaires).

2201. **CODE** de procédure civile. — *Paris*, 1806, in-8° (3 exemplaires).

1218. **CODE** de procédure civile. Édition originale et seule officielle. — *Paris*, 1806, in-4°.

1356. Même ouvrage, même édition.

2210. **CODE** de procédure civile, avec des notes explicatives rédigées par les jurisconsultes qui ont concouru à sa confection. — *Paris*, 1810-1815, 6 vol. in-8°.

1215. **CODE** de procédure civile, avec l'exposé des motifs par les orateurs du gouvernement. Édition originale. — *Paris*, s. d. in-4°.

1153. **CODE** de procédure civile (Projet de) présenté par la commission nommée par le gouvernement. — 2ᵉ pièce du recueil.

1211. **CODE** de procédure civile, suivi du tarif des frais et dépens. — *Paris*, 1810, in-4°.

1208. **CODE** des émigrés, condamnés et déportés, ou recueil des décrets rendus par les Assemblées constituante, législative et conventionnelle, concernant la poursuite et le jugement des émigrés, condamnés et déportés, le séquestre, la vente et l'administration de leurs biens. — *Paris*, An II, in-4°.

2612. **CODE** des lois sur l'enregistrement, le timbre, les droits de greffe et d'hypothèque, etc. — *Paris*, 1873, in-8° (2 exemplaires).

1219. **CODE** d'instruction criminelle. Édition originale et seule officielle. — *Paris*, 1810, in-4°.

2898. **CODE** du Notariat de la province de Québec, *46 Victoria, cap. 32.* — *Québec*, 1883. in-8°.

2521. **CODE** Louis XV. — *Paris*, 1758-1760, 12 vol. in-12 (2 exemplaires).

1274. **CODE** matrimonial ou recueil complet de toutes les loix canoniques et civiles de la France, des dispositions des Conciles, des capitulaires, ordonnances, édits..... sur les questions de mariage. Nouvelle édition. (Ouvrage attribué à Camus). — *Paris*, 1770, 2 tomes en 1 vol. in-4°.

2376. **CODE** Napoléon. Édition conforme aux changemens adoptés par le Corps législatif le 3 septembre 1807. — *Paris*, 1807, in-8°.

1213. **CODE** Napoléon. Édition originale et seule officielle. — *Paris*, 1811, in-4°.

2447. **CODE** Napoléon, suivi de l'exposé des motifs sur chaque loi présenté par les orateurs du Gouvernement, des rapports faits au Tribunal au nom de la Commission de législation, des opinions émises dans le cours de la discussion, etc., etc. (à partir du tome 2 : *Code civil des Français*). — *Paris*, 1807-1804 (*sic*), 8 vol. in-8°.

2019. **CODE** notarial, ou recueil chronologique des lois, arrêtés du Gouvernement, décrets impériaux, avis du Conseil d'État.......... concernant le Notariat, etc., par le Secrétaire de la Chambre de discipline des Notaires de Riom. — *Paris*, 1811, in-8°.

1216. **CODE PÉNAL.** Édition originale et seule officielle. — *Paris*, 1810, in-4°.

1385. **CODES** français annotés. Voyez **Teulet, D'Auvilliers et Sulpicy.**

15. **CODICE** di Napoleone il Grande pel regno d'Italia. — *Milano*, 1806, in-fol.

1369. **COIN-DELISLE**. Livre III, titre II. Donations et testamens. — *Paris*, 1851, in-4º.

1368. — Livre III, titre XVI et loi du 17 avril 1832. Contrainte par corps. — *Paris*, 1843, in-4º.

2443. **COLAS DE LA NOUE**. Jurisprudence de la Cour royale d'Orléans. — *Paris*, 1826, 2 vol. in-8º.

1308. **COLBERT** (Charles-Joachim). Instructions générales en forme de catéchisme où l'on explique en abrégé par l'Écriture Sainte et par la tradition, l'histoire et les dogmes de la religion, la morale chrétienne, les sacrements, les prières, les cérémonies et les usages de l'Église. — *Paris*, 1720, in-4º.

2614. **COLFAVRU** (J.-C.). Du mariage et du contrat de mariage en Angleterre et aux États-Unis. Législation comparée de l'Angleterre, des États-Unis et de la France. — *Paris*, 1868, in-8º.

2170. **COLLAS** (J.-B.). Étude analytique du code civil considéré spécialement en ce qu'il intéresse les privilèges et hypothèques. — *Paris*, 1839, in-8º.

1204. **COLLECTION** générale des loix, proclamations, instructions et autres actes du pouvoir exécutif, avec tables chronologiques et tables méthodiques des matières. Juillet 1788-18 prairial An II. — *Paris*, 1892 — An III, 18 tomes en 23 vol. in-4º.

1156. **COLLECTION** générale des tableaux de dépréciation du papier-monnaie, publiés en exécution de l'article V de la Loi du 5 messidor, An V. — *Paris*, ventôse An VI, in-4º.

90. **COLLET** (Philibert). Explication des statuts, coutumes et usages observés dans la province de Bresse, Bugey, Valromay et Gex, où sont rapportés les arrêts les plus importans rendus par le Conseil de Sa Majesté et par le Parlement de Dijon. — *Lyon*, 1698, in-fol.

2590. **COLLIN DE PLANCY**. OEuvres choisies de Ch. Perrault, avec les mémoires de l'auteur et des recherches sur les contes des fées. — *Paris*, 1826. in-8°.

2681. **[COLLOT]**. Esprit de Saint-François-de-Sales, évêque et prince de Genève, extrait de divers écrits de M. J.-P. Camus, évêque de Belley. — *Paris*, 1821, in-8°.

1150. **COLOMBET** (Claude). Abrégé de la jurisprudence romaine, divisé en sept parties à l'imitation des Pandectes de Justinian. — Seconde édition. *Paris*, 1655, in-4°.

— Même ouvrage, quatriesme édition, *Paris*, 1671, in-4°.

2074. **COLOMBET** (Cl.). Synoptica institutionum imperialium descriptio. — *Parisiis*, 1685, in-16.

4030. **COMITÉ** des Notaires des Départements institué en 1840. Réimpression des circulaires et mémoires depuis sa fondation. — *Paris*, 1869–1888, 8 vol. in-8°.

2274. **COMMISSAIRES-PRISEURS**. Manuel des Commissaires-priseurs. — *Paris*, s. d. in-8°, 1re pièce du recueil.

2047. **COMMISSION** du Roy pour la vente et la revente des offices de Greffiers des affirmations en chacune Eslection de ce royaume, avec attribution de quatre deniers pour livre de toutes levées de deniers tant ordinaires qu'extraordinaires. — *Paris*, 1621, 14 pages in-8°, tome II, 19e pièce du recueil.

1353. **CONCLUSIONS** motivées, **POUR** les Notaires du département de la Seine, poursuite et diligence de leurs Syndics ; **CONTRE** les héritiers de la dame d'Argence. — *Paris*, s. d. in-4°, 4e pièce du recueil.

66. **CONDÉ**. Pièces diverses du XVII° et du XVIII° s. intéressant les maisons de Condé et de Conti, Mlle de Guise. Voyez MÉLANGES.

CONDORCET. Voyez Montesquieu.

1061. **CONFÉRENCE** de l'Ordonnance de Louis XIV du mois d'août 1669 sur le fait des eaux et forêts. — *Paris*, 1752, 2 vol. in-4°.

1354. — **CONFIRMATION** de privilèges octroyez par le Roy Louys treizième aux Notaires du Chastelet de Paris. — S. l., 1610, 4 pages in-4°, 21ᵉ pièce du recueil.

— Confirmation des pouvoirs et facultez des Notaires. — S. l. (1602), 15 pages in-4°, 12ᵉ pièce du recueil.

— Confirmation des soixante Notaires et des privilèges à eux concedez. — S. l. n. d., 8 pages in-4°, 3ᵉ pièce du recueil.

2469. **CONFUCIUS**. Zoroastre, Confucius et Mahomet comparés. Voyez **Pastoret (de)**.

2051. **CONSEIL** des Notaires (Le). Journal du Notariat, des hypothèques, de l'enregistrement et du timbre. — *Paris*, 1835-1841, 12 vol. in-8°.

1015. **CONSEILLERS** du Roi. Mémoire pour les Conseillers du Roi, Commissaires-Enquêteurs-Examinateurs au Châtelet de Paris. En réponse au mémoire de Messieurs les Prévosts de Paris, Lieutenans civils, de Police, etc. Signifié le 14 mars 1761. — *Paris*, 1762, in-4°.

1351. **CONSULTATION** sur la question de savoir si les Avoués exercent des fonctions révocables et peuvent être destitués par une ordonnance de propre mouvement; pour M. le Comte de Joigny. (3 consultations sur le même sujet). — *Paris*, 1822, 2ᵉ, 3ᵉ et 4ᵉ pièce du recueil.

66. **CONTI**. Pièces diverses du xviiᵉ et du xviiiᵉ siècles intéressant les maisons de Condé et de Conti, Mˡˡᵉ de Guise. Voyez Mélanges.

2047. CONTRACT faict par le Roy à Maistre Innocent Desbois, pour le rachapt des Greffes des tailles des Paroisses. — *Paris*, 1609, 8 pages in-8°, tome II, 2ᵉ pièce du recueil.

2128. CONTRAT DE MARIAGE. Traité du Contrat de mariage suivant les principes du code civil. — *Paris*, 1804, 2 vol. in-8°.

2353. CONTRATS DE MARIAGE. Traité des contrats de mariage. — *Paris*, 1708, in-12.

4009. CONTROLEUR de l'enregistrement (Le). Recueil du Notariat et des sociétés, fondé en 1819 par MM. Championnière et Rigaud, rédigé depuis 1886, par A. Cordoën. Table générale analytique et raisonnée (tomes I à XXI), in-8°. — *Paris*, 1816-1893, 75 vol. in-8°.

25. COQUILLE (Guy). Les œuvres de Guy Coquille, Sʳ de Romenay, contenans: La coustume de Nivernois, les institutions au droit des François, les questions et responses sur. toutes les coustumes de France. Avec les Institutes coustumières de France, par Mᵉ A. Loysel. — *Paris*, 1646, in-fol.

32. — Les œuvres de Guy Coquille, sieur de Romenay, contenant plusieurs traitez touchant les Libertez de l'Église Gallicane, l'histoire de France et le droit françois. — *Bordeaux*, 1703, 2 tomes en un vol. in-fol.

1000. — Questions et réponses sur les coustumes de France. — *Paris*, 1611, in-4°.

2336. COQUILLE (Guy) et **DUPIN**. La coutume du Nivernais, accompagnée d'extraits du commentaire de cette coutume. — Nouvelle édition. — *Paris*, 1864, in-8°.

1319. CORDOEN (Le Procureur général). Discours et réquisitoires recueillis et publiés par les soins de ses amis. — *Paris*, 1864, in-4°.

2203. CORMENIN (Baron de). Du Conseil d'État envisagé comme conseil et comme juridiction dans notre monarchie constitutionnelle. — *Paris*, 1818, in-8°.

2200. — Questions de droit administratif. — *Paris*, 1822, 2 vol. in-8° ; 2ᵉ édition, *Paris*, 1823, tome 1ᵉʳ seulement.

2806. CORMILIOLLE (P.-L.). Voyez STACE.

2022. CORNET (P.-J.). Statuts et réglemens pour les Notaires de l'arrondissement de Gray (Haute-Saône). — *Gray*, 1823, in-8°.

2066. CORNUDET. Opinion de Cornudet sur la résolution du 24 germinal an VII relative à l'organisation du Notariat. — *Paris*, An VII, in-8°, 7ᵉ pièce du recueil.

2044. CORROZET (Estienne). L'office et pratique des Notaires. — *Paris*, 1658, in-8°.

2701. COT (J.-L.). Dictionnaire de la législation des États Sardes. — *Chambéry*, 1841, 3 vol. in-8°.

2125. COTELLE. Des privilèges et hypothèques, ou explication du titre XVIII du livre III du Code civil. — *Paris*, 1820, in-8°.

— Voyez BURLAMAQUI.

2525. COTTU. De l'administration de la justice criminelle en Angleterre et de l'esprit du gouvernement anglais. — *Paris*, 1820, in-8°.

2394. COUCHOT. Le praticien universel, ou le droit françois et la pratique de toutes les jurisdictions du royaume. — *Paris*, 1712, 6 vol. in-12.

1383. COUR DE CASSATION. Audience de rentrée. — Années 1835, 1842, 1852, 1853 à 1856, 1868, 1869, 1871 à 1877. Discours prononcés. — Paris, 1835-1877, 16 pièces in-8°.
> NOTA. — Ces fasc. sont réunis dans un carton.

1384. COUR IMPÉRIALE DE PARIS. Audience de rentrée. Discours prononcés. Années 1812, 1855, 1856, 1857, 1859, 1860, 1862, 1866, 1867, 1872, 1873, 1874, 1876, 1877. — *Paris*, 1812-1877, 15 pièces in-8°.
Nota. — Ces fasc. sont réunis dans un carton.

COURIER (Paul-Louis). Voyez Amyot (Jacques).

2229. COURTIERS DE COMMERCE. Nouveau manuel des courtiers de commerce publié par les soins de la Chambre syndicale des courtiers de marchandises et des coutiers d'assurances près la Bourse de Paris. — *Paris*, 1833, in-8°.

2023. COURTIN. Discours prononcé par M. Courtin, Procureur impérial à la rentrée du tribunal de 1re instance de Paris, le mardi 3 novembre 1812. — *Paris*, 1812, in-8°, 7e pièce du recueil.

2734. COUSTUMES générales du pays et duché de Bretagne, en l'an 1580, réformées et rédigées en escrit par les Commissaires du Roy et Députez des Estats dudit pays. — *Nantes*, 1680, in-32.

2731. COUTUME du pays et duché de Normandie, anciens ressorts et enclaves d'icelui. — *Rouen*, 1692, in-32.

— Même ouvrage, *Rouen*, 1699, in-32.

— Nouvelle et dernière édit., *Rouen*, 1732, in-16.

2736. COUTUMES générales, anciennes et nouvelles, du duché de Lorraine, pour les bailliages de Nancy, Vosges et Allemagne. — *Metz*, 1682, in-16.

1236. COUTUMES locales, tant anciennes que nouvelles de la loy, banlieuë et échevinage de la ville d'Arras; de la loy, banlieuë et échevinage de la cité d'Arras; de la ville et bailliage de Bapaume; du pays de l'Allœu, et de la ville, banlieuë et échevinage de Lens : ensemble les procès-verbaux de vérification et rédaction de ces mêmes coutumes et les lettres patentes portant décrets d'icelles. — *Paris*, 1746, in-4° (2 exemplaires).

1258. COUTUMES locales, tant anciennes que nouvelles, des bailliages, ville et échevinage de Saint-Omer, d'Audruic et pays de Bredenarde, de la châtellenie de Tournehem, etc. — *Paris*, 1744, in-4°. (2 exemplaires.)

105. COUTUMIER de Picardie (Le), contenant les commentaires de Heu, de Dufresne et de Ricard sur les coutumes d'Amiens ; de Gosset sur celles de Ponthieu ; de Le Caron sur Péronne, Montdidier et Roye ; de La Villette, nouveau commentaire sur les mêmes coutumes ; de Dubours sur Montreuil-sur-Mer ; de Le Roy de Lozembrune, nouveau commentaire sur celle de Boulenois ; et l'histoire abrégée de la ville de Boulogne et de ses Comtes. — *Paris*, 1726, 2 vol. in-fol.

110. COUTUMIER de Vermandois (Le), contenant les commentaires de Buridan et de La Fons sur les coutumes de Vermandois, de nouvelles observations sur les mêmes coutumes, par M. d'Héricourt, les commentaires de Godet et de Billecart sur celles de Châlons, de Buridan sur Rheims, de Vrevin sur Chaulny. — *Paris*, 1728, 2 vol. in-fol.

2557. CRÉBILLON. OEuvres complètes de Crébillon, précédées de son éloge historique par d'Alembert. — *Paris*, 1824, 2 vol. in-8°.

1376. CRÉDIT FONCIER DE FRANCE. Prêts remboursables par annuités. — *Paris*, 1860, in-4°. (2 exemplaires).

2799. CREUZÉ DE LESSER. La Table ronde, poëme. — *Paris*, 1814, in-12.

— Amadis de Gaule, poëme, suite de la Table ronde. — *Paris*, 1814, in-12.

— Roland, poëme imité de Turpin, Boyardo, l'Arioste, etc., et complétant la Table ronde et Amadis. — *Paris*, 1815, 2 vol. in-12.

— Le Cid. Romances espagnoles imitées en romances françaises. — *Paris*, 1814, in-12.

2764. **CREVIER**. Histoire des empereurs romains, depuis Auguste jusqu'à Constantin. — *Paris*, 1749-1755, 12 vol. in-12.

— Voyez ROLLIN.

2773. **CROMWELL**. Histoire de Cromwell, d'après les mémoires du temps et les recueils parlementaires, par Villemain.

76. **CUJACIUS** (Jacob.) Opera omnia, editio nova. — *Lutetiæ Parisiorum*, 1658, 10 vol. in-fol.

1312. **CUMBERLAND** (Richard). Les loix de la nature, trad. du latin par Barbeyrac. — *Leide*, 1757, in-4°.

2153. **CURASSON**. Traité des actions possessoires, du bornage et autres droits de voisinage. — *Dijon*, 1842, in-8°.

2176. — Traité de la compétence des juges de paix, 2ᵉ édition. — *Paris*, 1848, 2 vol. in-8°.

2271. **CUSTANCE** (Georges). — Tableau de la constitution du royaume d'Angleterre. — *Paris*, 1817, in-8°.

D

2330. **DAFFRY DE LA MONNOYE** (L.). Les lois de l'expropriation pour cause d'utilité publique expliquées par la jurisprudence. — *Paris*, 1859, in-8°.

2425. **DAGEVILLE**. De la propriété politique et civile. — *Paris*, 1813, in-8°.

2895. DAGUIN (Ch.). Société de législation comparée. Catalogue de la bibliothèque. Déc. 1883. — *Paris*, 1885, in-8°.

1131. DALLOZ. Les Codes annotés :

— **Code civil**, par MM. Dalloz et Vergé, 1, 2 et supplément. — *Paris*, 1873-1890, 3 vol. in-4°.

— **Code de commerce**, par MM. Dalloz et Vergé. — *Paris*, 1877, in-4°.

— **Code de l'enregistrement et du timbre**, par MM. Dalloz et Vergé. — *Paris*, 1878, in-4°.

— **Code de procédure civile** et supplément. — *Paris*, 1876-1893, 2 vol. in-4°.

— **Code des lois politiques et administratives**, par MM. Dalloz, Vergé, Griolet, etc. — *Paris*, 1887-1891, 2 vol. in-4°.

— **Code forestier**, suivi des lois qui s'y rattachent et notamment des lois sur la pêche et sur la chasse, par MM. Dalloz et Vergé. — *Paris*, 1884, in-4°.

— **Code pénal**, par MM. Dalloz et Vergé. — *Paris*, 1881, in-4°.

1129. DALLOZ aîné et **A. DALLOZ**. Jurisprudence générale du royaume. Recueil périodique et critique de jurisprudence, de législation et de doctrine. — Dictionnaire général et raisonné de législation, de doctrine, etc., et suppléments. — Tables alphabétiques, 1845 à 1887. — *Paris*, 1845-1893, 59 vol. in-4°.

1130. — Répertoire méthodique et alphabétique de législation, de doctrine et de jurisprudence. Supplément publié sous la direction de G. Griolet et Ch. Vergé, avec le concours de C. Kœhler, etc. (1 à 7). — *Paris*, 1870-1891, 51 tomes en 55 vol. in-4°.

DALLOZ (Arm.). Voyez Clerc (Ed.).

2269. DALMAS (A. de). Des frais de justice en matière criminelle, correctionnelle et de police, ou commentaire du réglement du 18 juin 1811 et supplément. — *Paris*, 1834-1847, 2 vol. in-8°.

2470. DAMOURS. Conférence de l'ordonnance concernant les donations, avec le droit romain, les anciennes ordonnances, la jurisprudence des Parlemens et le sentiment des auteurs. — *Paris*, 1753, in-8°.

1343. DANIEL (P.-G.). Histoire de France depuis l'établissement de la monarchie françoise dans les Gaules. — *Paris*, 1729, 10 vol. in-4°.

1221. DANTOINE (J.-B.). Les règles du droit civil, dans le même ordre qu'elles sont disposées au dernier titre du Digeste, traduites en françois avec des explications et des commentaires sur chaque règle. — *Lion*, 1710, in-4°.

1182. DANTY. Traité de la preuve par témoins en matière civile, contenant le commentaire de Jean Boiceau, sieur de la Borderie, sur l'art. 54 de l'ordonnance de Moulins, avec plusieurs nouvelles questions et des observations, etc., etc., par Danty, et le traité de la preuve par comparaison d'écritures, de M. Le Vayer. — *Paris*, 1737, in-4°.

DAPINEAU (G.). Voyez Pocquet de Livonnière (Claude).

1212. DARD (H.-J.-B.). Code civil des Français, avec des notes indicatives des lois romaines, coutumes, ordonnances, édits et déclarations qui ont rapport à chaque article; ou conférence du Code civil avec les lois anciennes. — *Paris*, 1807, in-4°.

2016. DARD (Le Chevalier). Traité des offices désignés dans l'article 91 de la loi du 28 avril 1816, concernant les Avocats à la Cour de Cassation, les Notaires, les Avoués, les Greffiers, les Huissiers, les Commissaires-priseurs, les Agents de change et les Courtiers. — *Paris*, 1838, in-8°.

2358. DAREAU (F.). Traité des injures dans l'ordre judiciaire, ouvrage qui renferme particulièrement la jurisprudence du petit criminel, avec des observations par M. Fournel. — *Paris*, 1785, 2 vol. in-12.

2615. DARESTE (Rod.). La justice administrative en France, ou traité du contentieux de l'administration. — *Paris*, 1862, in-8°.

2774. DARU. Histoire de Bretagne. — *Paris*, 1826, 3 vol. in-8°.

6. DAUBICHON (J.-F.). Les 360 tableaux du prorata des intérêts à cinq du cent, calculés en francs et millièmes, précédés d'une introduction. — *Paris*, 1809, in-fol.

2076. — Tableau de réduction du capital des rentes perpétuelles sur l'État suivant différens cours. — S. l. n. d., in-16.

2118. DAVIEL (A.). Pratique des cours d'eau ou concordance des lois et réglements généraux sur la navigation et le flottage des bois, quant aux droits et aux devoirs des propriétaires riverains, l'irrigation des terres, la pêche et les constructions de toute espèce sur les cours d'eau, etc. — *Paris*, 1824, in-8°.

2119. — Traité de la législation et de la pratique des cours d'eau. 2ᵉ édition. — *Paris*, 1837, 2 vol. in-8°.

DE BELLEYME. Voyez BERTIN.

21. DEBÉZIEUX (Balthasar). Arrêts notables de la Cour du Parlement de Provence. — *Paris*, 1750, in-fol.

2047. DÉCLARATION de Sa Majesté, sur ledit édict, pour le faict desdits offices de Tiers Référendaires, Controlleurs et places de Greffe. — *Paris*, 1637, 8 pages in-8°, tome 4, 23ᵉ pièce du recueil.

— Déclaration du Roy, avec la vérification de la Chambre, par laquelle les receveurs des tailles sont deschargez de faire recepte et despense de l'ancien droict de quatre deniers pour livre et des quatre deniers d'augmentation attribuez aux offices de garde scel, et maistres clercs des eslections de ce royaume. — *Paris*, 1622, 13 pages in-8°, tome 2, 24ᵉ pièce du recueil.

— Déclaration du Roy, contenant la suppression de l'édict de l'ayde et subvention des procez : et création du parisis des espices. — *Paris*, 1583, 15 pages in-8°, tome I, 18ᵉ pièce du recueil.

— Déclaration du Roy, contenant que tous greffes, et mesmes ceux des tailles et des geolles, sont compris en l'édict général de la suppression des greffes, et réunion d'iceux au domaine du Roy. — *Paris*, 1581, 13 pages in-8°, tome I, 14ᵉ pièce du recueil.

— Déclaration du Roy, du mois d'octobre 1645. Portant que tous les Greffiers anciens, alternatifs et triennaux, demeureront entièrement deschargez de l'establissement, vente et revente des greffes quatriennaux, places de clercs, parisis et controlle et autres offices domaniaux. — *Paris*, 1645, 8 p. in-8°, tome IV, 33ᵉ pièce du recueil.

1278. **DÉCLARATION** du Roy, en interprétation des édits du mois de mars dernier, pour la conservation des hypotèques des rentes. — *Paris*, 1673, 2 feuilles in-4°, 6ᵉ pièce du recueil.

— Déclaration du Roy, portant réglement des appointemens des appellations. — *Paris*, 1673, 2 feuilles in-4°, 7ᵉ pièce du recueil.

2047. **DÉCLARATION** du Roy, faicte sur la réünion et revente des greffes estans en l'appennage de Monseigneur frère unique de Sa Majesté. — S. l. (1581), 8 pages in-8°, tome I, 16ᵉ pièce du recueil.

— Déclaration du ·Roy, par laquelle Sa Majesté a déclaré n'avoir entendu comprendre les greffes des présentations, et Clercs d'iceux en l'édict par elle faict pour l'augmentation du parisis. — *Paris*, 1596, 8 pages in-8°, tome I, 31ᵉ pièce du recueil.

— Déclaration du Roy, par laquelle Sa Majesté entend les offices de Greffiers des notifications n'estre comprins en l'édict de la suppression des offices nouvellement créez. — *Paris*, 1584, 7 pages in-8°, tome I, 21° pièce du recueil.

— Déclaration du Roy, portant attribution aux offices de Garde des petits sceaux, propriétaires du doublement, maistres Clercs, et acquéreurs du droict des droicts aliénez sur lesdits droicts des eslections du ressort des cours des Aydes de Paris, Roüen et Montferrand, de deux deniers pour livre de toutes tailles en hérédité, etc. — *Paris*, 1643, 14 pages in-8°, tome IV, 5° pièce du recueil.

— Déclaration du Roy, portant attribution aux propriétaires et acquéreurs des offices de Greffiers et maistres Clercs, anciens, alternatifs et triennaux, Gardes des petits sceaux, maistres Clercs doublement d'iceux, Greffiers des affirmations et Commissaires des vivres des élections de ce royaume, chacun de leurs droicts sur les autres droicts aliénez..... — *Paris*, 1631, 32 pages in-8°, tome III, 33° pièce du recueil.

— Déclaration du Roy, portant establissement d'un Greffier des affirmations en chacune des eslections de ce royaume, avec pouvoir de recevoir les droicts de vérification et signature de roolles des esleus, et attribution de quatre deniers pour livre de toutes levées, tant ordinaires qu'extraordinaires. Vérifiée en Cour des Aydes, le 4 may 1621. — *Paris*, 1621, 8 pages in-8°, tome II, 18° pièce du recueil.

— Déclaration du Roy, pour l'observation du reiglemeut donné en la Cour de Parlement pour le salaire et taxes des Juges, Greffiers, Enquesteurs, Tabellions, Sergens et autres Ministres de Justice de Normandie. Publié à Rouen, en Parlement..... le 19° jour de décembre 1617. — *Rouen*, 1624, 1 pièce in-8°, tome II, 9° du recueil.

2050. **DÉCLARATION** du Roy, portant nouveau tarif et réglement pour les droits et contrôlle créez et établis par édit du mois de mars

1693, des contrats et actes des Notaires, Greffiers, Tabellions tant
Royaux, Apostoliques que Seigneuriaux, Greffiers des arbitrages et
autres. Donnée à Versailles le 14 juillet 1699. Registrée en Parlement. — *Paris*, 1699, in-8°.

2047. DÉCLARATION du Roy, portant que les Greffiers, maistres
Clercs, des Cours de Parlement, Chambre des Comptes, Grand
Conseil, Cour des Aydes, continueront la jouyssance de leurs gages,
comme ils avoient accoustumé, en conséquence de l'édict de Sa
Majesté du mois de mars 1625, nonobstant l'édict du mois de février
1634, qui auroit réduict lesdits gages héréditaires à rente. —
Paris, 1635, 12 pages in-8°, tome IV, 18ᵉ pièce du recueil.

— Déclaration du Roy, portant union aux offices de Greffiers et
maistres Clercs des bureaux des Trésoriers de France, et aux
Greffiers des élections des offices de Controlleurs des actes et
expédition desdits Greffes, maistres Clercs et parisis, avec confirmation en la jouïssance des privilèges, exemptions, gages, droicts
et émolumens attribuez à leurs offices. — *Paris*, 1637, 20 pages
in-8°, tome IV, 30ᵉ pièce du recueil.

— Déclaration du Roy, sur l'édict de la suppression des offices
des greffes. — *Paris*, 1581, 8 pages in-8°, tome I, 13ᵉ pièce du
recueil.

— Déclaration du Roy, sur l'observation, entretenement et exécution
des édicts de Lieutenans particuliers, Assesseurs criminels,
premiers Conseillers, Commissaires examinateurs, Greffiers des
affirmations, hérédité de Notaires, etc., etc. La vente d'iceux se
faict par maistre Hugues de la Garde, commis par Sa Majesté à cet
effet. — *Paris*, 1622, 14 pages in-8°, tome II, 21ᵉ pièce du recueil.

— Déclaration et reiglements faicts par le Roy, sur l'observation et
l'entretenement de son édict de création des Greffiers des présentations, qu'il veult et entend estre gardé et observé en ses Cours

des Aydes et Elections de son royaume et autres sièges resortissans, etc., etc. — *Paris*, 1579, 18 pages in-8°, tome I, 5ᵉ pièce du recueil.

— Même ouvrage. — *Paris*, 1581, 16 pages in-8°, tome I, 9ᵉ pièce du recueil.

4025. DE CLERCQ. Recueil des traités de la France, 1713-1890. — *Paris*, 1880-1893, 18 vol. in-8°.

2034. DÉCRETS impériaux sur les frais et dépens en matière judiciaire. — *Paris*, 1807, in-8°, 1ʳᵉ pièce du recueil et un exemplaire relié seul.

DECRUSY. Voyez Isambert, Jourdan, etc.

1351. DÉFENSE pour Mᵉ E.-P.-Ch. Vanderheyde, Notaire à Hazebrouck (Nord), contre les sieurs J.-B. Houvenaghel et E.-P. Debert, Commissaires-priseurs à Hazebrouck, demandeurs en Cassation d'un arrêt de la cour royale de Douai, en date du 7 mai 1848. Plaidoyer, etc. (même affaire). — Imp. Porthmann, 6ᵉ et 7ᵉ pièce du recueil.

4005. DEFFAUX (M.) et **BILLEQUIN** (A). Encyclopédie des Huissiers ou dictionnaire général et raisonné de législation, de doctrine et de jurisprudence en matière civile, commerciale, criminelle et administrative. — *Paris*, 1850-1858, 5 vol. in-8°.

1322. DEFRÉNOIS et **VAVASSEUR.** Traité pratique et formulaire général du Notariat de France et d'Algérie. — *Paris*, 1863-1867, 4 vol. in-4° (2 exemplaires).

914. — Traité pratique et formulaire général du Notariat de France et d'Algérie, suivant une méthode nouvelle. — *Paris*, 1863-1867, 4 vol. in-4°.

1090. DEHÉRICOURT (Louis). Traité de la vente des immeubles par décret, avec un recueil des édits, déclarations et réglemens des cours souveraines sur ce sujet. Nouvelle édition. — *Paris*, 1739, 2 vol. in-4°.

2786. DELACODRE. Esquisses de philosophie pratique. — *Paris*, 1846, in-12.

2695. DELAHARPE. Les douze Césars, traduit du latin de Suétone, avec des notes et des réflexions. — *Paris*, 1805, 2 vol. in-8°.

1250. DELAISTRE (Juste). Coutume de Chaumont-en-Bassigny, nouvellement commentée et conférée avec les autres coutumes de Champagne. — *Paris*, 1723, in-4°.

DELALAIN (P). Voyez Lyon-Caen (Ch.).

43[1-2]. DELAMARE. Traité de la police, où l'on trouvera l'histoire de son établissement, les fonctions et les prérogatives de ses magistrats ; toutes les loix et tous les réglemens qui la concernent. — *Paris*, 1705-1710, 2 vol. in-fol.— 2ᵉ édition, *Amsterdam*, 1729-1738, 5 vol. in-fol.

Nota. — Le tome V de la 2ᵉ édition a pour titre : *Continuation du Traité de la Police*, etc.

— Voyez Peyronny (de).

2123. DELAMONTRE. Traité du prêt sur hypothèque, suivi de l'examen du prêt hypothécaire. — *Paris*, 1835, in-8°.

2062. DELANGLE. Des sociétés commerciales. Commentaire du titre III, livre 1ᵉʳ du Code de Commerce. — *Paris*, 1843, 2 vol. in-8°.

2373. DELAPORTE (J.-B.). Le nouveau Dunod, ou traité des prescriptions de ce célèbre auteur, mis en concordance avec la législation actuelle. — *Paris*, 1810, in-8°.

— Voyez Jouanneau (L.-C.) et Solon.

1189. DE LA ROQUE. Traité de la noblesse et de toutes ses différentes espèces. Nouvelle édition, augmentée des Traités du blason des armoiries de France ; de l'origine des noms, sur-noms et du ban et arrière-ban. — *Rouen*, 1734, in-4°.

2684. DELARUE (L'Abbé). Essais historiques sur la ville de Caen et son arrondissement. — *Caen*, 1820, 2 vol. in-8°.

2570. DELAVIGNE. Poësies et messéniennes. Sept messéniennes nouvelles. — *Paris*, 1824-1827, 2 vol. in-8°.

2727. DELEGORGUE. Coutumes générales de la sénéchaussée de Ponthieu, et celles locales d'Abbeville, avec les notes de M. Duchesne. — *Amiens*, 1766, 2 vol. in-12.

2037. DELEPIERRE. Tableau des Notaires de l'Empire français, précédé de la loi sur le Notariat et de toutes les instructions qui y sont relatives. — *Paris*, An XIII-1805, in-8°.

2576. DELILLE (J.). OEuvres. — *Paris*, 1824, 16 vol. in-8°.

2028. DELMAS DE TERREGAYE (P.).— Précis alphabétique de la science notariale. — *Paris*, 1820, in-8°.

4012. DELOCHE. Voyez Recueil des arrêts du Conseil d'État.

1039. DELVINCOURT. Cours de Code civil. — *Paris*, 1819, 3 vol. in-4°.

2122. — Institutes de droit commercial français. 2e édition. — *Paris*, 1834, 2 vol. in-8°.

2755. DEMANTE (G.). Exposition raisonnée des principes d'enregistrement en forme de commentaire de la loi du 22 frimaire an VIII. — *Paris*, 1862, 2 vol. in-8°.

2875. DEMOLOMBE (C.). Cours de Code Napoléon. — *Paris*, 1854-1882, 31 vol. in-8°.

2564. DÉMOSTHÈNE. OEuvres complètes de Démosthène et d'Eschine, traduites en françois par l'Abbé Auger. — *Paris*, An II-1788, 6 vol. in-8°.

1287. DENISART (J.-B.). Actes de notoriété donnés au Châtelet de Paris, sur la jurisprudence et les usages qui s'y observent. — *Paris*, 1759, in-4°.

1272. — Collection de décisions nouvelles et de notions relatives à la jurisprudence actuelle, 7ᵉ édition. — *Paris*, 1771, 4 vol. in-4º.

1019. Même ouvrage, *Paris*, 1783-1807, 13 vol. in-4º.

2048. DENIZET. Recueil des réglemens faits pour l'usage du papier et parchemin timbrez. — *Paris*, 1715, in-8º.

1342. DÉPAUX (Victor). Dictionnaire général des communes de France. *Paris*, 1846, in-4º.

1373. DÉPOTS ET CONSIGNATIONS (Caisse). Instruction générale sur le service des consignations. — *Paris*, 1878, in-4º (2 exemplaires).

1117. DERNUSSON (Phil.). Traité de la subrogation de ceux qui succèdent au lieu et place des créanciers : où sont traitées les questions arduës et difficiles de cette matière, 3ᵉ édition. — *Paris*, 1723, in-4º.

— 4ᵉ édition. — *Paris*, 1743, in-4º.

2747. DESBILLONS. Fables du père Desbillons, traduction nouvelle augmentée d'une trentaine de fables qui n'avoient pas encore été traduites. — *Paris*, 1809, in-12.

1172. DES ESSARTS. Dictionnaire universel de police, contenant l'origine et les progrès de cette partie importante de l'administration civile de France, etc., etc. — *Paris*, 1786-1790, 8 vol. in-4º. (Ouvrage non terminé.)

2674. DESFONTAINES. Histoire des arbres et des arbrisseaux qui peuvent être cultivés en pleine terre sur le sol de la France. — *Paris*, 1809, 2 vol. in-8º.

2492. DESGODETS. Les loix des bâtimens suivant la coutume de Paris, avec les notes de M. Goupi. — *Paris*, 1787, in-8º.

— Voyez Lepage (P.).

2311. DESGRAVIERS. Affaire de M. le Chevalier Desgraviers, légataire universel de feu S. A. S. Monseigneur le prince de Bourbon-Conti, prince du sang, contre le Roi en la personne de son procureur. Réplique de Me Dupin. — *Paris*, 1821, in-8°.

58. DESMAISONS (F.). Nouveau recueil d'arrests et réglemens du Parlement de Paris. — *Paris*, 1667, in-fol.

2653. DESMAZE (Ch.). Des contraventions à Londres et de leur pénalité. — *Paris*, 1860, in-8°.

2652. — Le Châtelet de Paris, son organisation. — *Paris*, 1854, in-8°.

2526. — Le Parlement de Paris, son organisation, ses premiers présidents et procureurs généraux, avec une notice sur les autres Parlements de France. — *Paris*, 1859, in-8°.

2294. DESQUIRON (A.-T.). Traité de la mort civile en France. — *Paris*, 1822, in-8°.

1032. DESVAUX (J.-C.). Les planches généalogiques, composées suivant les divers ordres de successions et d'après leurs différentes catégories avec application des principes du droit civil par le système décimal. — *Paris*, 1833, in-4° long.

1332. Même ouvrage, même édition.

1353. DÉVELOPPEMENS des principes sur la forme légale des ventes volontaires d'immeubles, faisant suite aux observations des Notaires de Paris sur le même sujet. — *Paris*, s. d., in-4°, 6e pièce du recueil. (Ce fascicule est en double et se trouve une seconde fois, formant la 8e pièce du recueil.)

DE VILLENEUVE. Voyez Sirey.

2673. DEVISME (J.-F.-L.) Histoire de la ville de Laon. — *Laon*, 1822, 2 vol. in-8°.

2817. — Manuel historique du département de l'Aisne. — *Laon*, 1826, in-8°.

2592. **DIBDIN** (Fr.-Th.). Voyage bibliographique, archéologique et pittoresque en France. Traduit de l'anglais avec des notes par Th. Licquet. — *Paris*, 1825, 4 vol. in-8°.

123. **DICTIONNAIRE** de l'Académie française, 5e édition. — *Paris*, 1814, 2 vol. in-4°.

911. **DICTIONNAIRE** de l'Académie française, 7e édition. — *Paris*, 1878, 2 vol. in-4°.

910. **DICTIONNAIRE** de la langue française et supplément, par **Littré** (E.).

138. **DICTIONNAIRE** des conditions sommaires de tous les concordats homologués par les tribunaux de Paris, depuis le **24 février 1848** jusqu'au 1er janvier 1863 et contenus dans le dictionnaire des faillites, suivi d'un supplément annuel par Mascret (H.-F.). — *Paris*, 1864, in-fol.

906. **DICTIONNAIRE** des droits d'enregistrement, de timbre, de greffe et d'hypothèque, par les rédacteurs du journal de l'enregistrement, 3e édition. — *Paris*, 1873-1882, 17 liv. in-4°.

— Autre édition : *Paris*, 1810, 2 vol. in-4°.

2849. **DICTIONNAIRE** des droits d'enregistrement, de timbre, de greffe et d'hypothèque, par les rédacteurs du journal de l'enregistrement. — *Paris*, 1811, 2 vol. in-8°.

2052. **DICTIONNAIRE** des Notaires (Nouveau) et des préposés de l'enregistrement et des domaines, précédé d'un recueil de législation spéciale. — *Paris*, 1836-1838, 3 vol. in-8°.

2000. **DICTIONNAIRE** du Notariat, par les Notaires et Jurisconsultes rédacteurs du Journal des Notaires et des Avocats. — *Paris*, 1821-1822, 5 vol. in-8°.

— Même ouvrage, 2ᵉ édition, *Paris*, 1824-1825, 5 vol. in-8°.

— Même ouvrage, 3ᵉ édition, *Paris*, 1829-1838, 8 vol. in-8° et supplément.

— Même ouvrage, 4ᵉ édition, *Paris*, 1859-1861, 13 vol. in-8°.

137. **DICTIONNAIRE** et tableaux synoptiques d'après les journaux judiciaires des faillites, séparations de biens, nominations de conseils judiciaires, interdictions et réhabilitations prononcées par les tribunaux de Paris, depuis le 24 février 1848 jusqu'au 1ᵉʳ janvier 1863, précédé de la jurisprudence y relative et suivi d'un supplément annuel. Suppléments pour les années 1863 à 1867, 1872 et 1873, par Mascret (H.-F.), (*ouvrage incomplet*). — *Paris*, 1863-1874, 8 vol. in-fol.

122. **DICTIONNAIRE** latin-français, par Fr. Noël. — *Paris*, 1808, in-4°.

1062. **DICTIONNAIRE** raisonné des domaines et droits domaniaux, nouvelle édition. — *Paris*, 1782, 2 vol. in-4°.

139. **DICTIONNAIRE** raisonné des sciences, des arts et des métiers, par une société de gens de lettres, mis en ordre et publié par Diderot et d'Alembert. — *Paris*, 1751-1780, 35 vol. in-fol.

1164. **DICTIONNAIRE** universel des sciences morales, économiques, politiques et diplomatiques ou bibliothèque de l'homme d'État et du citoyen, mis en ordre et publié par M. Robinet. — *Londres*, 1777-1783, 30 vol. in-4°.

126. **DICTIONNAIRE** universel françois et latin, vulgairement appelé dictionnaire de Trévoux. — *Paris*, 1771, 8 vol. in-fol.

1298. **DIDEROT** et **D'ALEMBERT**. Encyclopédie méthodique par une société de gens de lettres, de savans et d'artistes. Jurisprudence. — *Paris*, 1783-1791, 10 vol. in-4°.

139. — Encyclopédie, ou dictionnaire raisonné des sciences, des arts et des métiers, par une société de gens de lettres, mis en ordre et publié par Diderot et d'Alembert. — *Paris*, 1751-1780, 35 vol. in-fol.

2730. **DILANGE**. Coutumes générales de l'évêché de Metz commentées. — *La Haye*, 1772, in-12.

1041. **DOISY**. Le royaume de France et les états de Lorraine, disposé en forme de dictionnaire. — *Paris*, 1753, in-4°.

1280. **DOMAT**. Les lois civiles dans leur ordre naturel, le droit public. *Paris*, 1701, 5 vol. in-4°.

— Les lois civiles dans leur ordre naturel. — *Paris*, 1697-1696 (*sic*), 3 vol. in-4°.

143. — Les lois civiles dans leur ordre naturel, le droit public et Legum delectus, par M. Domat, nouvelle édition revue et augmentée des troisième et quatrième livres du droit public, par M. de Héricourt, des notes de MM. de Bouchevret, Berroyer et Chevalier, et d'un supplément aux lois civiles, par M. de Jouy. — *Paris*, 1777, 2 vol. in-fol.

144. Même ouvrage, même édition, 2 tomes en un vol. in-fol.

1144. — Legum delectus ex libris Digestorum et Codicis ad usum scholæ et fori. — *Parisiis*, 1700, in-4°.

1202. **DONATO** (Nicolo). L'homme d'État. — *Liège*, 1768-1767, 2 vol. in-4°.

2565. **DORAT**. OEuvres choisies de Dorat, précédées d'une notice biographique et littéraire par Desprès. — *Paris*, 1827, in-8°.

2234. **DORIGNY**. De l'assistance judiciaire et des immunités spéciales accordées aux indigents. Commentaire de la loi du 22 janvier 1851 et de celle du 10 décembre 1850. — *Paris*, 1852, in-8°.

1195. **DOULCET**. Analyse raisonnée du droit françois, par la comparaison des dispositions des loix romaines, et de celle de la coutume de Paris, suivant l'ordre des loix civiles de Domat, avec un texte de la coutume de Paris, dans lequel les articles sont rétablis dans l'ordre que les réformateurs leur ont donné. — *Paris*, 1787, in-4°.

2819. **DREUX DU RADIER**. Mémoires historiques, critiques et anecdotes des reines et régentes de France. — *Paris*, 1808, 6 vol. in-8°.

903. **DROIT** (Le). Journal des tribunaux, 1857-1893. — *Paris*, 1857-1893, 37 vol. in-fol.

1168. **DROIT** de la nature (Les éléments du) et de la morale naturelle. — *Basle*, 1770, in-4°.

2484. **DROITS** qu'ont les curés de commettre leurs vicaires et les confesseurs dans leurs paroisses. — *Avignon*, 1759, 2e pièce du recueil.

DROUET. Voyez Moreri (Louis).

DUBERNAD. Voyez Benecke (W.).

1309. **DUBOS** (P.-A.-R.). Inscriptions françaises et latines proposées pour divers monumens de Paris et de l'empire français. — *Paris*, 1810, in-4°.

2532. **DUBROCA**. Les quatre fondateurs des dynasties françaises. — *Paris*, 1810, in-8°.

118. **DU CANGE** (C.-D.). Glossarium ad scriptores mediæ et infimæ latinitatis. Editio nova completior et auctior, opera et studio monachorum ordinis S. Benedicti e congregatione S. Mauri. — *Parisiis*, 1733-1736, 6 vol. in-fol. — Voyez Carpentier.

2390. **DU CAURROY DE LA CROIX** (A.-M.). Institutes de l'empereur Justinien, nouvellement traduites. — *Paris*, 1821, in-8°.

2629. DUCLOS. Considérations sur les mœurs de ce siècle. — *Paris*, An VI (1798, v. st.), in-8°.

2829. — Histoire de Louis XI. — *La Haye*, 1750, 3 vol. in-12.

2626. — Mémoires secrets sur les règnes de Louis XIV et de Louis XV. — *Paris*, 1791, 2 vol. in-8°.

2326. DUCROCQ (Th.). — Cours de droit administratif. — *Paris*, 1881, 2 vol. in-8°.

— Appendice au cours de droit administratif. — Étude sur la loi municipale du 5 avril 1884. — *Paris*, 1886, in-8°.

1276. DUFAIL (Noël). Les plus solemnels arrests et réglemens donnez au Parlement de Bretagne, avec des annotations de Maturin Sauvageau et de Michel Sauvageau. — *Nantes*, 1715-1716, in-4°.

2275. DUFAU (P.-A.), **DUVERGIER** (J.-B.) et **GUADET** (J.). Collection des constitutions, chartes et lois fondamentales des peuples de l'Europe et des deux Amériques ; avec des précis offrant l'histoire des libertés et des institutions politiques chez les nations modernes. — *Paris* et *Rouen*, 1823, 6 vol. in-8°.

2490. DUFEY (P.-J.-S.). OEuvres complètes de Michel L'Hospital, chancelier de France, précédées d'un essai sur sa vie et ses ouvrages. — *Paris*, 1824-1826, 6 vol. in-8°.

2191. DUFOUR (G.). Traité général de droit administratif appliqué. — *Paris*, 1843-1845, 4 vol. in-8°.

— 3e édition, *Paris*, 1868-1870, 8 vol. in-8°.

2489. DUFOUR (Le Père). Exposition des droits des souverains sur les empêchemens dirimans de mariage et sur leurs dispenses. — *Paris*, 1787, in-12.

2280. DUFOUR DE SAINT-PATHUS (J.-M.). Des contrats de vente, d'échange, de prêt et de rente. — *Paris*, 1823, 2 vol. in-16.

2426. — Jurisprudence du droit français. — *Paris*, 1822, in-8°.

2682. **DUGALD STEWART**. Esquisses de philosophie morale, traduit de l'anglais par Th. Jouffroy. — *Paris*. 1826, in-8°.

2698. — Histoire abrégée des sciences métaphysiques, morales et politiques, depuis la renaissance des Lettres, traduite de l'anglois et précédée d'un discours préliminaire par J.-A. Buchon. — *Paris*, 1820-1823, 3 vol. in-8°.

1201. **DUGUET** (L'Abbé). Institution d'un prince ou traité des qualitez, des vertus et des devoirs d'un souverain. Nouvelle édition. – *Londres*, 1743, in-4°.

2481. [**DUHAMEL**]. État de la magistrature en France. Année 1788. — *Paris*, 1788, in-8°.

1310. **DUHAMEL DU MONCEAU**. De l'exploitation des bois, ou moyens de tirer un parti avantageux des taillis, demi-futaies et hautes-futaies, et d'en faire une juste estimation. — *Paris*, 1764, 2 vol. in-4°.

1317. — Les semis et plantations des arbres et de leur culture. — *Paris*, 1760, in-4°.

2746. — Traité de la culture des terres, suivant les principes de M. Tull, anglois. — *Paris*, 1753-1761, 6 vol. in-12.

124. Traité des arbres fruitiers contenant leur figure, leur description, leur culture, etc. — *Paris*, 1768, 2 vol. in-fol.

2870. **DUJARDIN** (A.). Des droits d'enregistrement, de timbre et de greffe, au point de vue de la proportionnalité de l'impôt. — *Paris*, 1881, in-8°. (2 exemplaires).

2688. **DULAURE** (J.-A.). Des cultes qui ont précédé et amené l'idolatrie ou l'adoration des figures humaines. — *Paris*, 1805, in-8°.

2568. — Histoire physique, civile et morale de Paris, depuis les premiers temps historiques jusqu'à nos jours. — *Paris*, 1821-1825, 8 vol. in-8° et 1 atlas.

1098. **DUMÉES** (Antoine-François-Joseph). La jurisprudence du Haynaut françois, contenant les coutumes de la province et les ordonnances de nos Rois dans leur ordre naturel avec les formules des principaux actes. — *Douay*, 1750, in-4°.

2768. **DUMESNIL** (Alexis). Histoire de don Juan d'Autriche. — *Paris*, 1827, in-8°.

— Voyez Loisel (Ant.).

99¹. **DU MOLIN** (Charles). La coustume de Paris conférée avec les autres coustumes de France et expliquée par les notes de M° Charles Du Molin ; ensemble une recherche d'auteurs commencée par G. Fortin et augmentée de plus des deux tiers par M. R[icard]. — *Paris*, 1666, in-fol.

99². Même ouvrage. — *Paris*, 1673, in-fol.

DUMONT (Et.). Voyez Bentham (J.).

2197. **DUMONT DE SAINTE-CROIX**. Manuel complet des maires, de leurs adjoints, des conseils municipaux et des commissaires de police, 9° édition, revue, corrigée et augmentée par Massé (A.-J.). — *Paris*, 1831, 2 vol. in-8°.

1237. **DU MOULIN** (Charles). Coutumes du haut et bas pays d'Auvergne, avec les notes de M° Charles Dumoulin et les observations de M° Claude-Ignace Prohet. Nouvelle édition. — *Clermond-Ferrand*, 1745, 2 vol. pet. in-4°.

1097. — Les notes de maistre Charles Dumoulin sur les coutumes de France mises par matières. — *Paris*, 1715, in-4°.

1248. — Les trois coustumes voisines de Chasteau-Neuf, Chartres et Dreux, avec les notes de M⁰ Charles Du Moulin et les annotations du sieur Du Lorens. — *Chartres,* 1645, in-4°.

— Voyez HENRION DE PANSEY; POCQUET DE LIVONNIÈRE (Claude).

2718. DU MOULIN (Ch.) et **DU LORENS**. Coustume de Chasteau-Neuf en Thimerais. — *Paris et Chartres*, 1732, in-8°.

1158. DUNOD (M.-F.-I.). Traité de la mainmorte et des retraits. Nouvelle édition. — *Paris*, 1760, in-4°.

1109. — Traités des prescriptions, de l'aliénation des biens d'église et des dixmes, suivant les droits civil et canon, la jurisprudence du royaume, et les usages du Comté de Bourgogne. — *Dijon*, 1730, in-4°.

— Voyez DELAPORTE (J.-B.).

1243. DUNOD DE CHARNAGE (F.-J.). Observations sur les titres des droits de justice, des fiefs, des cens, des gens mariés et des successions de la coutume du Comté de Bourgogne, avec des traités à l'usage de la même province sur les institutions contractuelles, la puissance paternelle, les sociétés tacites, les baux à cheptel et une dissertation sur les incendies. — *Besançon*, 1756, in-4°.

2296. DUPIN (A.-M.-J.-J.). Code du commerce de bois et de charbon pour l'approvisionnement de Paris. — *Paris*, 1817, 2 vol. in-8°.

2335. — Discours et rapports, discussions orales et opuscules divers. — *Paris*, 1862, in-8°.

1382. — Discours et réquisitoires 1831-1857. — *Paris*, 1831-1857, 22 pièces in-8°. *(Ces fasc. sont réunis dans un carton).*

2345. — Jésus devant Caïphe et Pilate ou procès de Jésus-Christ, suivi de textes contenant les principaux fondements de la religion chrétienne. — *Paris*, 1863, in-12.

2299. — Lois civiles, extraites de la collection in-4° dite du Louvre et du bulletin des lois. — *Paris*, 1820, 2 vol. in-8°.

2298. — Lois commerciales, extraites de la collection in-4° dite du Louvre et du bulletin des lois. — Droits des Tiers. Majorats. — *Paris*, 1820, in-8°. (2 exemplaires.)

2297. — Lois concernant l'organisation judiciaire, extraites de la collection in-4° dite du Louvre et du bulletin des lois. — *Paris*, 1819, 1 tome et 2 vol. in-8°.

2339. — Lois concernant les lois ou Recueil des dispositions législatives concernant la date, l'intitulé, le préambule, etc., etc., des lois. — *Paris*, 1820, in-12.

2300. — Lois criminelles. — *Paris*, 1821, in-8°.

2301. — Lois de la procédure civile, tant devant les tribunaux ordinaires qu'en cassation et au Conseil d'État. — *Paris*, 1821, in-8°.

2303. — Lois des communes. — *Paris*, 1823, 2 vol. in-8°. (2 exemplaires.)

2302. — Lois forestières, avec les lois sur la chasse et sur la pêche. — *Paris*, 1822, in-8°.

2304. — Lois sur la compétence des fonctionnaires publics de toutes les hiérarchies. — *Paris*, 1825, 4 vol. in-8°.

2342. — Manuel de droit public ecclésiastique français, contenant les Libertés de l'Eglise gallicane, la Déclaration du clergé de 1682, le Concordat et sa loi organique. — *Paris*, 1845, in-12.

2343. — Manuel des étudians en droit et des jeunes avocats, recueil d'opuscules de jurisprudence. — *Paris*, 1835, in-12.

2307. — Mémoires de M. Dupin. — *Paris*, 1855-1861, 4 vol. in-8°.

2344. — Notions élémentaires sur la justice, le droit et les lois. — *Paris*, 1827, in-8°.

2305. — Profession d'avocat. Recueil de pièces concernant l'exercice de cette profession. — *Paris*, 1832, 2 vol. in-8°.

2337. — Règles de droit et de morale tirées de l'Ecriture Sainte. — *Paris*, 1857, in-12.

— Même ouvrage : *Paris*, 1858, in-12.

2306. — Réquisitoires, plaidoyers et discours de rentrée prononcés par M. Dupin. — *Paris*, 1836-1852, 14 vol. in-8°.

2340. — Traité des apanages, avec les lois sur la liste civile et la dotation de la couronne. — *Paris*, 1835, in-12.

85. **DUPIN** (Pierre). Commentaire sur les coutumes générales de la ville de Bordeaux et pays Bourdelois par feu M. Bernard Automne....., avec le recüeil des arrêts notables, mis en abrégé par M. Antoine Boé, revûs, corrigez, etc. par Pierre Dupin. — *Bordeaux*, 1728, in-fol.

— Voyez : Coquille (Guy); Loisel (Ant.).

102. **DUPLESSIS.** Traité de M. Duplessis sur la coutume de Paris. Seconde édition, avec des notes de MM. Berroyer et de Laurière. — *Paris*, 1702, in-fol.

— Même ouvrage, 3ᵉ édition. — *Paris*, 1709, in-fol.

63. — Même ouvrage. 5ᵉ édition. — *Paris*, 1754-1728, 2 vol. in-fol.

2892. [**DUPOND** (E.)]. Programme et plan d'organisation d'un enseignement spécial au Notariat. — *Bordeaux*, 1892, in-8°.

2549. **DUPUIS.** Origine de tous les cultes, ou religion universelle. Nouvelle édition revue et corrigée par M. P.-R. Auguis. — *Paris*, 1822, 7 vol. in-8°.

1323. — Origine de tous les cultes, ou religion universelle. Nouvelle édition avec une notice biographique sur la vie et les écrits de Dupuis, par Auguis. — *Paris*, 1823, in-4°.

2035. **DUPUIS** (N.-A.). Essai sur le Notariat. — *Paris*, 1820, in-8°.

1190. **DUPUY.** Traité de la majorité de nos Rois et des régences du royaume, avec les preuves tirées, tant du trésor des Chartes du Roy, que des registres du Parlement et autres lieux, etc. — *Paris*, 1655, in-4°.

77. — Traitez des droits et libertez de l'Église gallicane. — *Paris*, 1731, 2 tomes en 1 vol. in-fol.

4. — Traitez touchant les droits du Roy très-chrestien sur plusieurs Estats et Seigneuries possédées par divers princes voisins, et pour prouver qu'il tient à juste titre plusieurs provinces contestées par les princes étrangers. Nouvelle édition. — *Rouen*, 1670, in-fol.

111. **DURAND** (Estienne). Coutume du bailliage de Vitry en Perthois, avec un commentaire et une description abrégée de la noblesse de France, par rapport au chapitre des fiefs et autres dispositions qui concernent la noblesse en cette coutume. — *Chaalons*, 1722, in-fol.

1387. **DURAND** (Émile) et **PAULTRE** (Émile). Code général des lois françaises continué et mis au courant chaque année, par un supplément. — *Paris*, 1858, 2 tomes en 1 vol. in-4° (2 exempl.).

1178. **DURAND DE MAILLANE.** Dictionnaire de droit canonique et de pratique bénéficiale, conféré avec les maximes et la jurisprudence de France, etc. — *Paris*, 1770, 4 vol. in-4°.

2141. **DURANTON.** Cours de droit français. — *Paris*, 1834-1842, 22 vol. in-8°.

2419. **DUSAULX** (J.) et **ACHAINTRE** (N.-L.). Satires de Juvénal, traduites par J. Dusaulx et N.-L. Achaintre. — *Paris*, 1826, 2 vol. in-8°.

DUSSANS. Voyez Thévenot-Dessaules.

2551. **DUSSAULT** et **THÉRY**. Oraisons funèbres de Bossuet, Fléchier et autres orateurs, avec un discours préliminaire et des notices. — *Paris*, 1820-1826, 4 vol. in-8°.

1341. **DU TILLET** (Jean). Recueils des Roys de France, leurs couronne et maison. — *Paris*, 1611, in-4°.

— Même ouvrage, *Paris*, 1618, in-4°.

2807. **DUVAIR**. Les œuvres du Sr Duvair, vivant Garde des Sceaux de France. *Rouen*, 1627, in-12.

2508. **DUVERGER** (F.). Manuel criminel des juges de paix, considérés comme officiers de police judiciaire. — *Paris*, 1850, in-8°.

DUVERGIER (J.-B.). Voyez Dufau (P.-A.); Toullier (C.-M.-B.).

E

2047. **EDICT** de réunion au domaine du Roy, de deux offices de Greffiers et places de Clercs du Bureau des Finances de la Généralité de Paris. Vérifié en la Chambre des Comptes le 22 aoust 1619. — *Paris*, 1619, 13 pages in-8°, tome II, 12e pièce du recueil.

— Edict du Roy, contenant création en chef et tiltre d'office formé en chacune des Cours de Parlement, Chambre des Comptes, Grand Conseil, Cours des Aydes, et toutes autres jurisdictions de ce royaume, d'un receveur des espices et autres deniers consignez pour les procez de Commissaire et vacations des juges. *Paris* (1583), 13 pages in-8°, tome I, 15e pièce du recueil.

— Edict du Roy, de la création en tiltre d'office formé d'un Greffier en chacune eslection particulière de ce royaume. — *Paris*, 1598, 8 pages in-8°, tome I, 34ᵉ pièce du recueil.

— Edict du Roy, de la suppression des offices des greffes civils, criminels, et des présentations, et clercs d'iceux, en toutes les jurisdictions royales : Pareillement des Tabellionnages, Garde-seaulx, Garde-notes, pour estre réunis et incorporez au domaine dudit seigneur, etc., etc. — *Paris*, 1580, 15 pages in-8°, tome I, 12ᵉ pièce du recueil. Même ouvrage, 24ᵉ pièce du même recueil.

— Edict du Roy, du mois de décembre 1567, portant création en tiltre d'offices formez héréditaires des Greffiers en tous les greffes des bailliages, séneschaussées, prévostez, vicomtez, vigueries, et autres jurisdictions royales de ce royaume. Vérifié en Parlement le 8 juillet 1568. — *Paris*, 1657, 4 pages in-8°; tome I, 1ʳᵉ pièce du recueil.

— Edict du Roy, du mois de décembre 1638, portant création de deux offices de Conseillers de Sa Majesté, Commissaires, et un Greffier héréditaire, dans le ressort de chacun des Parlemens de ce royaume, pour faire enquestes, etc. — *Paris*, 1661, 8 pages in-8°, tome IV, 31ᵉ pièce du recueil.

— Edict du Roy, du mois de janvier 1644, portant attribution de six-vingts trois mil livres de gage héréditaire à tous les officiers domaniaux, Greffiers des cours souverains, présidiaux, senes-chaussées, prévostez, vicomtez, et autres officiers de ce royaume. — *Paris*, 1645, 8 pages in-8°, tome IV, 32ᵉ pièce du recueil.

— Edict du Roy faict sur la création des offices de Greffiers de présentations par toutes les Cours souveraines, présidiaux, bailliages, sénéchaucées, et autres sièges et jurisdictions royalles de ce royaume. — *Paris*, 1577, 9 pages in-8°, tome I, 4ᵉ pièce du recueil.

— Edict du Roy, par lequel les officiers des gabelles sont restablis et confirmez en la jouyssance de leurs droicts, avec attribution de droits de chevauchée, exéption de tailles, aydes et autres subsides, logemens des gens de guerre, etc. — *Paris*, 1635, 28 pages in-8°, tome IV, 15° pièce du recueil.

— Edict du Roy, portant attribution aux Greffiers des eslections de ce royaume, de six deniers pour livre, sur tous les deniers qui s'imposeront et leveront sur ses subjets contribuables aux tailles. Vérifié en la Chambre des Comptes le 19 mars 1622. — *Paris*, 1622, 14 pages in-8°, tome II, 15° pièce du recueil.

— Edict du Roy, portant attribution aux offices de Gardes des petits sceaux, propriétaires du doublement, maistres Clercs, et acquéreurs du droict des droicts aliénez sur lesdits droicts des eslections du ressort de la cour des Aydes de Roüen, de deux deniers pour livre de toutes tailles en hérédité, etc. — *Paris*, 1643, 12 pages in-8°, tome IV, 4° pièce du recueil.

— Edict du Roy, portant attribution de la jurisdiction de son domaine, à chacun bureau des Présidens et Trésoriers généraux de France. Érection d'iceux en deux services continuels, etc. — *Paris*, 1627, 30 pages in-8°, tome III, 11° pièce du recueil.

— Edict du Roy, portant attribution des droicts de chevauchées aux Greffiers et maistres Clercs anciens, alternatifs et triennaux des eslections de ce royaume. — *Paris*, 1632, 14 pages in-8°, tome IV, 3° pièce du recueil.

— Edict du Roy, portant augmentation de droicts aux Commissaires des tailles, Greffiers et maistres Clercs des rolles desdites tailles des paroisses; Greffiers maistres Clercs, avec le réglement pour l'imposition desdits droicts. — *Paris*, 1633, 24 pages in-8°, tome IV, 9° pièce du recueil.

— Edict du Roy, portant création d'un Greffier en chacune conciergerie, prison et geolle, en toutes les jurisdictions royales de ce royaume. — *Paris*, 1658, 4 pages in-8°, tome I, 8° pièce du recueil.

— Edict du Roy, portant création d'un office de Lieutenant, d'un premier esleu assesseur, deux Controolleurs esleuz, d'un maistre Clerc, d'un Garde du petit scel et d'un Advocat de Sa Majesté en chacune des eslections de Guyenne. — *Paris*, 1626, 16 pages in-8°, tome III, 4ᵉ pièce du recueil.

— Edict du Roy, portant création d'un Procureur de Sa Majesté et d'un Greffier en chacune ville et communauté, aux mesmes fonctions que ceux de l'Hostel de ville de Paris. — *Paris*, 1636, 8 pages in-8°, tome IV, 20ᵉ pièce du recueil.

— Edict du Roy, portant création de deux offices de Conseillers de Sa Majesté et Greffiers des présentations et affirmations du Conseil privé et des parties. — *Paris*, 1631, 7 pages in-8°, tome III, 34ᵉ pièce du recueil.

— Edict du Roy, portant création de quatre Conseillers d'augmentation en la Cour des Aydes de Guyenne nouvellement transférée à Bordeaux, un Substitut du Procureur Général, un Greffier des présentations, quatre huissiers et quatre Procureurs héréditaires en la dite Cour. — *Paris*, 1637, 8 pages in-8°, tome IV, 29ᵉ pièce du recueil.

— Edict du Roy, portant création de quatres offices de Conseillers de Sa Majesté et Controolleurs des Greffes des Conseils d'Estat et des Finances, Conseil privé et des parties, des productions et Gardes des sacs desdits Conseils et Greffes des Commissions extraordinaires. — *Paris*, 1631, 11 pages in-8°, tome III, 37ᵉ pièce du recueil.

— Edict du Roy, portant création de trois Conseillers trésoriers, et trois Conseillers controolleurs généraux de son domaine, pour faire recepte de tous les deniers qui proviendront de la vente, du domaine. greffes, aydes, rentes héréditaires, etc. — *Paris*, 1627, 48 pages in-8°, tome III, 15ᵉ pièce du recueil.

— Edict du Roy, portant création de trois Greffiers héréditaires des roolles des tailles des paroisses en chacune élection de ce royaume. — *Paris*, 1629, 26 pages in-8°, tome III, 20ᵉ pièce du recueil.

— Edict du Roy, portant création de trois offices de Conseillers de Sa Majesté, ... en l'estenduë de la ferme générale des gabelles de France et Lyonnois. — *Paris*, 1635, 16 pages in-8°, tome IV, 16ᵉ pièce du recueil.

— Edict du Roy, portant création de trois offices de Receveurs et Payeurs de gages des Trésoriers de France, en chacun des bureaux des finances de Thoulouze et Béziers, etc. — *Paris*, 1630, 20 pages in-8°, tome III, 18ᵉ pièce du recueil.

— Edict du Roy, portant création des offices des Greffiers civil et criminel, pour le faict des affirmations ès cours souveraines et autres jurisdictions royales de ce royaume, et arrests de réglement sur l'observation dudit édict. — *Paris*, 1608, 13 pages in-8°, tome I, 32ᵉ pièce du recueil.

— Edict du Roy, portant création en hérédité d'un office de second Greffier des tailles en chacune des villes, communautez et consulats de l'estendue des élections de la généralité de Guyenne, etc. — *Paris*, 1631, 16 pages in-8°, tome III, 16ᵉ pièce du recueil.

— Edict du Roy, portant création en tiltre d'office de deux Greffiers et deux maistres Clercs en chacune eslection de ce royaume, outre et pardessus les anciens ja establis, pour exercer le greffe successivement l'un l'autre. — *Paris*, 1623, 27 pages in-8°, tome II, 28ᵉ et dernière pièce du recueil.

— Edict du Roy, portant création en tiltre d'office, de quatre Commis et Gardes des registres au controlle général des Finances. — *Paris*, 1631, 8 pages in-8°, tome III, 36ᵉ pièce du recueil.

— Edict du Roy, portant création en tiltre d'office formé d'un Greffier de l'impost du sel, en chacune parroisse en tiltre de domaine et d'hérédité. — *Paris*, 1605, 19 pages in-8°, tome I, 33ᵉ pièce du recueil.

— Edict du Roy, portant création en tiltre d'office formé d'un Greffier triannale et trois maistres Clercs héréditaires en chacun grenier à sel de ce royaume. — *Paris*, 1630, 23 pages in-8°, tome II, 27ᵉ pièce du recueil.

— Edict du Roy, portant création en tiltre d'office formé de deux Conseillers de Sa Majesté et Gardes des registres de la Chancellerie de France et du Conseil d'Estat, et controlle général des finances de Sa Majesté. — *Paris*, 1631, 8 pages in-8°, tome III, 35ᵉ pièce du recueil.

— Edict du Roy, portant création en tiltre d'office formé et héréditaire, d'un Greffier des tailles en tous les diocèses, et ressort de la cour des Aydes de Languedoc. Publié en ladite cour des Aydes séante à Pezenas, le 12 octobre 1622. — *Paris*, 1623, 33 pages in-8°, tome II, 26ᵉ pièce du recueil.

— Edict du Roy, portant création et augmentation en la Chambre des Comptes de Paris, de huict maistres ordinaires, sept correcteurs et dix auditeurs, un controlleur héréditaire des greffes, etc., etc. — *Paris*, 1636, 13 pages in-8°, tome IV, 25ᵉ pièce du recueil.

— Edict du Roy, portant création et establissement en chacune des élections de la généralité de Guyenne, des offices de Greffier des affirmations, du doublement des Gardes des petits seaux, du droict du parisis, etc., etc. — *Paris*, 1633, 33 pages in-8°, tome IV, 7ᵉ pièce du recueil.

— Edict du Roy, portant injonction aux Greffiers des justices royales de ce royaume, de garder soigneusement les registres des baptesmes, mariages et mortuaires, pour en délivrer les extraits et certificats à ceux qui en auront besoin, toutefois et quand ils en seront requis. — *Paris*, 1635, 13 pages in-8°, tome IV, 19e pièce du recueil.

— Edit du Roy, portant révocation de l'édict du mois d'avril 1628, et création de l'office de Greffier triennal et place de Clerc y joincte en chacun des bureaux des Présidens et Trésoriers généraux de France des généralitez estans au ressort des Chambres des Comptes de Paris, Rouen et Dijon. — *Paris*, 1629, 15 pages in-8°, tome III, 19e pièce du recueil.

— Edict du Roy, portant révocation de la création des Procureurs, pour ce qui est du Parlement et autres cours et jurisdictions estant dans l'enclos du Palais de Paris, et création en hérédité de trente offices de Tiers référendaires, Gardes des déclarations des despens et estat de frais, dommages et interests adjugez audit Parlement, etc. — *Paris*, 1636, 16 pages in-8°, tome IV, 24e pièce du recueil.

— Edict du Roy, portant suppression de l'édict de création de cent offices de Secrétaires de Chambre de Sa Majesté, et création de trente-deux offices de Greffiers des Commissions extraordinaires. — *Paris*, 1632, 15 pages in-8°, tome III, 6e pièce du recueil.

—- Edict du Roy, portant suppression de l'imposition d'un sol pour chacun feu taillable, et au lieu d'icelle, attribution de deux cens dix mille livres de gages héréditaires aux Greffiers, Clercs de greffes, propriétaires des droicts de parisis et controlle des jurisdictions royales, et autres attributions y déclarées. — *Paris*, 1636, 11 pages in-8°, tome IV, 21e pièce du recueil.

— Edict du Roy, portant suppression des offices de Receveurs des espices créez és années 1581 et 1586, et réunion desdits offices à ceux des Greffiers et maistres Clercs des greffes, avec attribution de deux sols pour livres de toutes espices qui se payent pour le rapport des procez. — *Paris*, 1629, 15 pages in-8°, tome III, 9e pièce du recueil.

— Edict du Roy, portant union des offices de Controlleur au greffe du privé Conseil de Sa Majesté, et Greffiers des affirmations en iceluy, aux charges de Conseillers du Roy, secrétaire de ses finances, etc., etc. — *Paris*, 1631, 11 pages in-8°, tome IV, 2e pièce du recueil.

— Edict du Roy, pour l'establissement, vente, revente et engagement des charges et offices de Gardes des petits sceaux et places de maistres Clercs en chacune eslection en chef de ce royaume, avec attribution de quatre deniers sur tous les deniers qui s'imposeront et leveront sur les contribuables aux tailles. Vérifié en la Chambre des Comptes le 19 mars 1622. — *Paris*, 1622, 28 pages in-8°, tome II, 11e pièce du recueil.

1278. **EDICT** du Roy, pour la création des offices de banquiers expéditionnaires de Cour de Rome et de la Légation, et des Greffiers des arbitrages dans l'étenduë du royaume. — *Paris*, 1673, in-4°, 5e pièce du recueil.

2047. **EDICT** du Roy, pour la revente de tous les greffes, places de clercs et petits sceaux en toutes les cours et jurisdictions de ce royaume du mois de septembre 1616. — *Tolose*, 1618, 71 pages in-8°, tome II, 1re pièce du recueil.

— Edict du Roy, pour la revente des greffes, clercs, sceaux et tabellionnages ; ensemble du droict de parisis, des esmolumens desdits greffes et tabellionnages, conjoinctement ou séparément. — *Paris*, 1605, 15 pages in-8°, tome I, 41e pièce du recueil.

— Edict du Roy, pour la vente et aliénation à faculté de rachapt, de son domaine, greffes, clercs d'iceux, seaux, tabellionnages, aydes, fermes et impositions des généralitez de Paris, Picardie, Champagne et Moulins. — *Paris*, 1594, 15 pages in-8°, tome I, 27e pièce du recueil.

— Edict du Roy, pour la vente et aliénation à faculté de rachapt perpétuel de tous les greffes, tant civils que criminels, des présentations, que Sa Majesté veut estre estably en sa province de Bretagne. — *Paris*, 1626, 22 pages in-8°, tome III, 8ᵉ pièce du recueil.

— Edict du Roy, pour la vente et la revente des greffes et maistres Clercs d'iceux, des eslections du ressort de la cour des Aydes de Normandie, séparément ou conjoinctement en attribution de huict deniers pour livre scavoir : six deniers aux Greffiers et deux deniers ausdits maistres Clercs. — *Paris*, 1620, 39 pages in-8°, tome II, 13ᵉ pièce du recueil.

— Edict du Roy, pour le doublement de quatre deniers pour livre attribuez au Garde des Sceaux et maistres Clercs des greffes des eslections sur toutes les tailles et creuës : ensemble de la revente desdits offices et premiers quatre deniers. Vérifié en la cour des Aydes, le 19 mars 1622. — *Paris*, 1622, 24 pages in-8°, tome II, 20ᵉ pièce du recueil.

— Edict du Roy, pour le rachapt et revente de tous greffes civils, criminels et des présentations, affirmations et insinuations en toutes les cours et jurisdictions de ce royaume : ensemble des places de clercs, tabellionnages, droicts de parisis, de petits sceaux, doublemens d'iceux et des présentations, cy-devant vendus et engagez à faculté de rachapt perpétuel. — *Paris*, 1617, 31 pages in-8°, tome I, 42ᵉ et dernière pièce du recueil.

— Edict du Roy, sur la création en tiltre d'office formé d'un Greffier en chacune paroisse de ce royaume, pour tenir registre, dresser et escrire, soubs les Asseeurs, les roolles de tous deniers levez par forme de taille. — *Paris*, 1576, 14 pages in-8°, tome I, 7ᵉ pièce du recueil.

— Edict du Roy, sur le reiglement du salaire des Notaires et Tabellions et réception des contracts. — *Paris*, 1580, 12 pages in-8°, tome I, 11ᵉ pièce du recueil.

— Edict du Roy, touchant les salaires que doivent prendre et avoir les Greffiers, Huissiers, et Sergens, et pareillement les messagers qui apportent des procès, enquestes et autres choses semblables au greffe de la cour. — *Paris*, 1610, 16 pages in-8°, tome I, 3ᵉ pièce du recueil.

— Edict général du Roy, sur le réglement de justice, et création en hérédité de plusieurs offices. — *Paris*, 1627-1628, 3 pièces in-8°, tome III, 12ᵉ, 13ᵉ et 14ᵉ pièce du recueil.

— Edicts et déclarations du Roy, vérifiés en la Cour de Parlement et Chambre des Comptes, pour la vente de son domaine, greffes, sceaux, et tabellionnages à perpétuité, tant de ce qui en a esté cy-devant aliéné, à faculté de rachapt perpétuel, que de ce qui reste à aliéner, etc., etc. — *Paris*, 1594, 52 pages in-8°, tome I, 26ᵉ pièce du recueil.

— Edit du Roy, portant création et augmentation en son grand conseil de deux présidens dispensez d'estre maistre des requestes, dix conseillers, quatre huissiers, etc. — *Paris*, 1636, 11 pages in-8°, 22ᵉ pièce du recueil.

1278. **EDIT** du Roy, portant établissement des greffes d'enregistrement des oppositions, pour conserver la préférence aux hypotèques. — *Paris*, 23 mars 1673, 3ᵉ pièce du recueil.

— Edit du Roy, servant de réglement pour le commerce des négocians et marchands, tant en gros qu'en détail. — A *Paris*, le 23ᵉ jour de mars 1673, 2ᵉ pièce du recueil.

— Edit pour la création des offices de Greffiers au Parlement de Paris, et aux cours supérieures et inférieures du ressort dudit Parlement. Vérifié en Parlement et Chambre des Comptes, ce 23 mars 1673. — S. l. (1673), 4ᵉ pièce du recueil.

1050. **EDIT** par lequel Sa Majesté donne de nouvelles dispositions relativement à l'exercice du Notariat. En date du 23 juillet 1822. — *Chambéry*, in-4°.

2782. **ÉLECTEURS** du département de la Seine. — *Paris*, 1817, 1 vol. in-8°.

1101. **EMÉRIGON** (Balth.-Marie). Traité des assurances et contrats à la grosse. — *Marseille*, 1783, 2 vol. in-4°.

2865. **ENCYCLOPÉDIE** du Notariat et de l'Enregistrement, ou dictionnaire général et raisonné de législation, de doctrine et de jurisprudence en matière civile et fiscale (avec formules), publié par *la Revue du Notariat*, sous la direction de Lansel (Ch.). — *Paris*, 1879-1893, 20 tomes en 21 vol. in-8°.

29. **ENQUÊTE** sur la question monétaire. — *Paris*, 1872, 2 tomes en 1 vol. in-fol.

1367. **ENREGISTREMENT**. Abus qui se sont déjà glissés, et qui ne peuvent que se multiplier dans la perception des droits pour l'enregistrement des actes. — *Paris*, 1791, 8 pages in-4°, 7ᵉ pièce du recueil.

— Décret de l'Assemblée nationale, sur l'enregistrement des actes civils et judiciaires et sur les titres de propriété. Du 5 décembre 1790. — *Paris*, 1791, in-4°, 4ᵉ pièce du recueil.

— Décret et tarif du droit d'enregistrement, du 5 décembre 1790, disposés par ordre de matières, et pour diverses parties du tarif, par ordre alphabétique. — *Paris*, 1791, in-4°, 3ᵉ pièce du recueil.

— Dispositions du décret et tarif du droit d'enregistrement du 5 décembre 1790, présentées par ordre alphabétique. — S. l. n. d., in-4°, 2ᵉ pièce du recueil.

— Droits d'enregistrement des actes civils et judiciaires et des titres de propriété, suivant la loi du 19 décembre 1790 et le tarif y annexé; avec les changemens apportés par les lois des 9 octobre 1791, 14 thermidor An IV, et autres concernant l'enregistrement. — S. l. n. d., in-4°, 5° pièce du recueil.

— Loi relative au droit d'enregistrement des actes civils et judiciaires, et des titres de propriété. Donnée à Paris, le 19 décembre 1790. — *Paris*, 1791, in-4°, 1ʳᵉ pièce du recueil.

2854. **ENREGISTREMENT** et **TIMBRE**. Lois de 1790 à 1821. — *Paris*, 1790-1821, in-8°.

ESPINAS (P.). Voyez Nouguier (L.).

2359. **EVERARD** (Étienne). Métode *(sic)* pour liquider les mariages avenans des filles dans la coutume générale de Normandie et dans la coutume particulière de Caux. — *Rouen*, 1734, in-12.

1354. **EXTRAICT** des privilèges octroyez aux Notaires et Garde-nottes du Chastellet de Paris et arrests donnez à leur proffit contre les justices, tant royales que sulbaternes de la ville et fauxbourgs de Paris. — S. l. n. d., 3 pages in-4°, 1ʳᵉ pièce du recueil.

2047. **EXTRAICT** des registres de Parlement. — S. l., 1595, 12 pages in-8°, tome I, 28ᵉ pièce du recueil.

— Même titre, tome I, 29ᵉ pièce du recueil.

1354. **EXTRAICT** des registres de Parlement. — *Paris*, 1623, 6 pages in-4°, 27ᵉ pièce du recueil.

— Même titre. — *Paris*, 1635, 4 pages in-4°, 28ᵉ pièce du recueil.

2047. **EXTRAICT** des registres du conseil privé du Roy. — *Fontainebleau*, 1578, 6 pages in-8°, tome I, 10ᵉ pièce du recueil.

1350. EXTRAIT du discours de présentation du titre II de la 2e partie du Code de procédure civile prononcé au Corps législatif par le conseiller d'État Siméon, le 16 avril 1806, suivi du rapport au nom de la Chambre de discipline des Notaires du département de la Seine. — 7e et 8e pièce du recueil (Manuscrit).

2246. EYRAUD (D'). De l'administration de la justice et de l'ordre judiciaire en France. — *Paris*, 1825, 3 vol. in-8°.

F

92. FABERT (Abraham). Les remarques d'Abraham Fabert, sur les coustumes générales du duché de Lorraine, ès bailliages de Nancy, Vosges, et Allemagne. — *Metz*, 1657, in-fol.

1353. FAITS et principes en la cause, **POUR** Me Bouillerot, Procureur au Châtelet, au nom et comme ayant pouvoir d'enchérir judiciairement l'hôtel de Grammont. **CONTRE** MM. les Maréchaux de Noailles et de Biron, tuteurs honoraires du Comte de Guiche, propriétaire de l'hôtel. Le sieur Michaux, tuteur onéraire, et le sieur de Montvallier. — *Paris*, 1763, in-4°, 3e pièce du recueil.

2821. FARGÈS-MÉRICOURT (P.-J.). Description de la ville de Strasbourg, contenant des notices topographiques et historiques sur l'état ancien et actuel de cette ville, suivie d'un aperçu de statistique générale du département du Bas-Rhin. — *Strasbourg*, 1825, in-12.

1340. FAUX en écritures. Mémoire pour le sieur Michel jeune plaignant, contre les sieurs Reynier et Boissière, et encore contre le sieur Guille, prévenus tous les trois de faux en écritures. (Ce volume contient 11 mémoires ou consultations sur la même affaire). — *Paris*, 1813-1817, 11 pièces en 1 vol. in-4°.

2066. FAVARD. Rapport fait par Favard au nom d'une commission spéciale sur la réorganisation du Notariat. — *Paris*, An VII, in-8°, 10° pièce du recueil.

— Rapport sur l'organisation du Notariat et tarif général des honoraires et vacations attribués aux Notaires. Conseil des Cinq-Cents, séance du 23 germinal, An VI. — *Imp. Nat.*, An VI, in-8°, 2° et 3° pièce du recueil.

1046. — Répertoire de législation du Notariat. — *Paris*, 1807, in-4°.

2771. [FAVARD DE LANGLADE]. Conférence du Code civil, avec la discussion particulière du Conseil d'État et du Tribunat avant la rédaction définitive de chaque projet de loi. — *Paris*, An XIII-1805, 8 vol. in-8°.

1047. FAVARD DE LANGLADE. Répertoire de la législation du Notariat, 2° édition. — *Paris*, 1829-1830, 2 vol. in-4°.

1034. — Répertoire de la nouvelle législation civile, commerciale et administrative. — *Paris*, 1823-1824, 5 vol. in-4°.

129. FÉLIBIEN (Michel). Histoire de la ville de Paris, reveue, augmentée et mise au jour par Guy Alexis Lobineau. — *Paris*, 1725, 5 vol. in-fol.

1177. FÉLICE (de). Dictionnaire universel raisonné de justice naturelle et civile. — *Yverdon*, 1777-1778, 13 vol. in-4°.

2794. FÉNÉLON (Fr. de Salignac). Explication des maximes des saints sur la vie intérieure. — *Paris*, 1697, in-12.

2830. — OEuvres philosophiques. Démonstration de l'existence de Dieu. — *Paris*, 1775, in-12.

2369. **FENET** (P.-A.). Pothier, analysé dans ses rapports avec le Code civil et mis en ordre sous chacun des articles de ce Code, ou les législations ancienne et nouvelle comparées. — *Paris*, 1826, in-8°.

1012. **FERMES ROYALES-UNIES**. Bail des fermes royales-unies fait à Me Pierre Carlier, le 17 août 1726. — *Paris*, 1728, in-4°.

2188. **FERRAND** (Ant.). L'esprit de l'histoire, ou lettres politiques et morales d'un père à son fils, sur la manière d'étudier l'histoire en général et particulièrement l'histoire de France. — *Paris*, 1826, 4 vol. in-8°.

104. **FERRIÈRE** (Claude de). Corps et compilation de tous les commentateurs, anciens et modernes, sur la coutume de Paris. — Seconde édition, revuë, corrigée et augmentée par l'auteur et par M. C.-J. de Ferrière son fils, enrichie de scavantes observations de feu M. Le Camus. — *Paris,* 1714, 4 vol. in-fol.

1147. — La jurisprudence des Novelles de Justinien, conférée avec les ordonnances royaux, les coutumes de France et les décisions des cours souveraines. — *Paris*, 1688, 2 vol. in-4°.

1148. — La jurisprudence du code de Justinian, conférée avec les ordonnances royaux, les coutumes de France et les décisions des cours souveraines. — *Paris*, 1684, 2 vol. in-4°.

1145. — La jurisprudence du Digeste conférée avec les ordonnances royaux, les coutumes de France et les décisions des cours souveraines. — *Paris*, 1688, 2 vol. in-4°.

2725. — Nouveau commentaire sur la coutume de la prévosté et vicomté de Paris. — *Paris*, 1708, 2 vol. in-12.

2073. — Institutiones Justiniani singulari methodo illustratae et cum jure Gallico collatae. — *Parisiis*, 1676, 2 vol. in-8°.

1270. FERRIÈRE (Cl.-J. de). Dictionnaire de droit et de pratique, contenant l'explication des termes de droit, d'ordonnances, de coutumes et de pratique. — *Paris*, 1762, 2 vol. in-4°.

1024. — La science parfaite des Notaires, ou le Parfait Notaire, contenant les ordonnances, arrêts et réglemens rendus touchant la fonction des Notaires. Nouvelle édition, revue, corrigée et augmentée par de Visme (F.-B.). — *Paris*, 1771, 2 vol. in-4°.

2362. — Nouvelle introduction à la pratique, contenant l'explication des termes de pratique, de droit et de coutumes. — *Paris*, 1729, 2 vol. in-12.

— Nouvelle édition. *Paris*, 1745, 2 vol. in-12.

2071. — Nouvelle traduction des Institutes de l'empereur Justinien, avec des observations pour l'intelligence du texte, l'application du droit françois au droit romain, etc. — *Paris*, 1719, 5 vol. in-8°.

2432. — Nova et methodica institutionum juris canonici tractatio, seu nova et methodica Paratitla in quinque libros decretalium Gregorii IX. — *Parisiis*, 1711, in-12.

2072. — Nova methodica juris civilis tractatio, seu nova et methodica Paratitla in quinquaginta libros Digestorum. — *Parisiis*, 1706, in-8°

— Voyez Bacquet (Jean).

2813. FERRIÈRES. Mémoires du Marquis de Ferrières, avec une notice sur sa vie, des notes et des éclaircissemens historiques par Berville et Barrière. — *Paris*, 1821-1822, 3 vol. in-8°.

146. FEVRET. Traité de l'abus et du vrai sujet des appellations qualifiées du nom d'abus. — *Lyon*, 1689, 2 tomes en 1 vol. in-fol.

FEVRET DE FONTETTE. Voyez Lelong (Jacques).

2023. FIEFFÉ. Discours prononcés aux obsèques de M. Fieffé. Voyez Boulard, Parmentier et Benard.

1139. **FIEFFÉ-LACROIX**. La clef des lois romaines, ou dictionnaire analytique et raisonné de toutes les matières contenues dans le corps de droit. — *Metz*, 1809-1810, 2 vol. in-4°.

2357. **FILLES**. Traité sur les droits des filles en Normandie, avec une méthode facile et sûre pour liquider leur légitime, ou mariage avenant. — *Rouen* et *Paris*, 1779, in-12.

2321. **FLANDIN**. De la transcription en matière hypothécaire. — *Paris*, 1861, 2 vol. in-8°.

2551. **FLÉCHIER**. Oraisons funèbres. Voyez Dussault et Théry.

2371. **FLEURIGEON** et **RONDONNEAU** (L.). Code de la grande et de la petite voirie. — *Paris*, 1821, in-8°.

2036. **FLEURY**. Manuel pratique du Notariat. — *Paris*, 1813, in-8° (3 exemplaires).

2260. **FLEURY** (Claude). Traité du choix et de la méthode des études, suivi de l'histoire du droit français. — *Paris*, 1822, in-8°.

2496. **FLEURY** (L'Abbé). Institution au droit ecclésiastique. — *Paris*, 1730, 2 vol. in-12.

48. **FONTANON** (Antoine). Les édicts et ordonnances des Rois de France, traittans de la police sacrée et discipline ecclésiastique, ensemble de ce qui en dépend. — *Paris*, 1611, 4 tomes en 3 vol. in-fol.

2699. **FONTENELLE** et **LALANDE** (J. de). Entretiens sur la pluralité des mondes, précédés de l'astronomie des dames. — *Paris*, 1826, in-8°.

FORMEY. Voyez Wolff (de).

2068. **FORMULAIRE** du Notariat. (Nouveau). — *Paris*, 1833, in-8°.

2585. FORSYTH (W.). Traité de la culture des arbres fruitiers, traduit de l'anglois avec des notes par J.-P. Pictet-Mallet. — *Paris*, 1803, in-8°.

2490. FOUCART (E.-V.). Éléments de droit public et administratif. — *Paris*, 1843, 3 vol. in-8°.

2148. FOUET DE CONFLANS. Esprit de la jurisprudence sur les principales dispositions du Code civil. *Des successions.* — *Paris*, 1838, in-8°.

2511. FOURNEL. Histoire des Avocats au parlement et du barreau de Paris. — *Paris*, 1813, 2 vol. in-8°.

2147. — Les lois rurales de la France rangées dans leur ordre naturel. — *Paris*, 1819-1820, 3 vol. in-8°.

2460. — Traité de l'adultère. — *Paris*, 1783, in-12.

2461. — Traité de la séduction, considérée dans l'ordre judiciaire. — *Paris*, 1781, in-12.

2136. — Traité du voisinage, considéré dans l'ordre judiciaire et administratif. — 3ᵉ édition, *Paris*, 1812, 2 vol. in-8°.

— Voyez Dareau (F.).

2053. FOURNIER (Charles). Éléments de comptabilité et de tenue des études de Notaires. Des tarifs des honoraires et des prix de cessions des offices de Notaires. — *Paris*, 1854, in-8°.

12. FOURNIVAL (Simon). Recueil général des titres concernant les fonctions, rangs, dignitez, séances et privilèges des charges des présidens, trésoriers de France, généraux des finances, et grands voyers des généralitez du royaume. — *Paris*, 1655, in-fol.

7

1241. **FOURRÉ**. Coutumes générales du pays et comté de Blois, ensemble les coutumes locales des baronnies et châtellenies sujettes du ressort de son bailliage, avec des notes particulièrement étendues sur les articles qui diffèrent de la coutume de Paris et du droit commun. — *Blois* et *Paris*, 1777, 2 tomes en 1 vol. in-4°.

FRANÇOIS (A.). Voyez Rivière (H.-F.).

2530. **FRAYSSINOUS** (L'Abbé). Les vrais principes de l'Église gallicane. — *Paris*, 1818, in-8°, 2ᵉ pièce du recueil.

1162. **FREMINVILLE** (Edme de La Poix de). La pratique universelle pour la rénovation des terriers et des droits seigneuriaux. — *Paris*, 1752-1757, 5 vol. in-4°.

FREMONT (Robert). Voyez Rivière.

1330. **FRÉMY** (M.-L.). Compte rendu au nom du Conseil d'administration du Crédit foncier de France et rapport de Messieurs les censeurs. Assemblée générale des actionnaires du 18 avril 1860. — *Paris*, 1860, in-4°.

2505. **[FREY DES LANDES]**. Instruction donnée par Catherine II, impératrice et législatrice de toutes les Russies, à la commission établie pour travailler à la rédaction d'un nouveau Code de loix, traduite en françois. — *Lausanne*, 1769, in-12.

1067. **FROLAND** (Louis). Mémoires concernans la nature et la qualité des statuts; diverses questions mixtes de droit et de coutume, et la plupart des arrests qui les ont décidées. — *Paris*, 1729, 2 vol. in-4°.

1100. — Mémoires concernans la prohibition d'évoquer les décrets d'immeubles situez en Normandie. — *Paris*, 1729, in-4°.

1099. — Mémoires concernans le comté-prairie d'Eu et ses usages prétendus locaux, avec les arrests du Parlement de Paris qui les ont condamnés. — *Paris*, 1722, in-4°.

1288. [**FUET** (Louis)]. Traité des matières bénéficiales, dans lequel on examine tout ce qui a rapport aux bénéfices et aux bénéficiers, suivant les saints décrets, les ordonnances du royaume, et la jurisprudence du palais. — *Paris*, 1721, in-4°.

— Même ouvrage. — *Paris*, 1723, in-4°.

2687. FURGAULT. Dictionnaire des antiquités grecques et romaines. Nouvelle édition, revue, corrigée et augmentée par Boinvilliers. — *Paris*, 1824, in-8°.

1273. FURGOLE. Commentaire de l'ordonnance de Louis XV sur les substitutions, du mois d'août 1747. — *Paris*, 1767, in-4°.

2471. — OEuvres complètes. Nouvelle édition, revue, corrigée et augmentée. — *Paris*, 1775-1776, 8 vol. in-4°.

2346. — Traité de la seigneurie féodale universelle et du franc-alleu naturel. — *Paris*, 1767, in-12.

1026. — Traité des testamens, codiciles, donations à cause de mort et autres dispositions de dernière volonté. — *Paris*, 1779, 3 vol. in-4°.

908. FUZIER-HERMAN (Ed.). Répertoire général alphabétique du droit français, publié sous la direction de Fuzier-Herman (Ed.) par Carpentier (A.) et Frérejouant du Saint (G.). — Voyez Répertoire.

G

2261. GABIOU. Lettre à M. le directeur général de l'agriculture, du commerce et des manufactures sur la nécessité de permettre l'exportation des laines de mérinos français. (2 lettres). — *Paris*, 1814, 2 pièces in-8°, 1re et 2e du recueil.

— Mémoire sur les rapports des propriétaires et des fermiers entre eux, ou observations sur les baux à longs termes. — *Paris*, 1812, in-8°, 3ᵉ pièce du recueil.

— Modèle d'un registre à l'usage des cultivateurs. — *Paris*, 1821, in-8°, 4ᵉ pièce du recueil.

2450. — Nouveau système de finance et projet de liquidation générale fondés sur la Charte. — *Paris*, 1816, in-8°.

2012. **GAGNERAUX** (L.). Encyclopédie des lois et réglements sur le notariat, l'enregistrement, les droits de timbre, de greffe et d'hypothèques. — *Paris*, 1839, in-8°.

2211. — Même ouvrage, même édition.

2850. — Nouveau code annoté de l'enregistrement, du timbre et des droits de greffe et d'hypothèques. — *Paris*, 1856, in-8°.

1267. [**GALLAND**]. Du Franc-Aleu et origine des droicts seigneuriaux, avec les loix données au pays d'Albigeois, par Simon Comte de Montfort, l'an 1212; ensemble les usages et coustumes données par le Roy Saint-Louys à la ville d'Aigues-Mortes, l'an 1246, et les anciennes coutumes de Lorris données par le Roy Louys-le-Gros. — *Paris*, 1637, in-4°.

2406. **GANILH** (Ch.). Des systèmes d'économie politique, de la valeur comparative de leurs doctrines, et de celle qui paraît la plus favorable aux progrès de la richesse. — *Paris*, 1821, 2 vol. in-8°.

4011. **GARNIER**. Répertoire périodique de l'enregistrement, recueil de toutes les décisions administratives et judiciaires sur l'enregistrement et le timbre, comparées avec le droit civil. — *Paris* et *Bruxelles*, 1854-1893, 40 vol. in-8°.

2247. **GARNIER** (F.-X.-P.). Régime ou traité des rivières et cours d'eau de toute espèce, salines et manufactures insalubres. — *Paris*, 1825, 2 vol. in-8°.

2239. — Traité des chemins de toute espèce, comprenant les grandes routes, chemins de halage, vicinaux et particuliers, arbres et fossés qui les bordent, les rues et les places publiques. — 2e édition, *Paris*, 1824, in-8°.

— 4e édition, *Paris*, 1834, in-8°.

2058. **GARNIER** (Louis). Tenue des livres des Notaires. — *Paris* (1842), in-8° (2 exemplaires).

907. **GARNIER** (M.-D.). Répertoire général et raisonné de l'enregistrement. La loi civile et la loi d'enregistrement comparées, nouveau traité en forme de dictionnaire. — 4e édition, *Paris*, 1870, 3 tomes en 2 vol. in-4°.

— 7e édition, *Paris*, 1890-1892, 6 vol. in-4°.

2729. [**GARNIER-DESCHESNES**]. La coutume de Paris mise en vers, avec le texte à côté. — *Paris*, 1784, in-12.

2199. — Observations sur le projet de Code civil, présenté par la Commission nommée par le Gouvernement, le 24 thermidor An VIII et publié en l'An IX. — *Paris*, An IX, in-8°, 3e pièce du recueil.

2023. — Notice biographique sur Garnier-Deschenes. Voyez Silvestre.

1017. — Traité élémentaire du Notariat. — *Paris*, 1807, in-4°.

2061. — Même ouvrage, 2e édition, *Paris*, 1808, in-8°.

2381. **GASCHON** (J.-B.). Code diplomatique des aubains, ou droit conventionnel entre la France et les autres puissances. — *Paris*, 1818, in-8°.

2609. GAUDRY. Traité du domaine. — *Paris*, 1862, 3 vol. in-8°.

2152. GAUTHIER. Traité de la subrogation de personnes, ou du paiement avec subrogation (C. Nap., art. 1249 à 1252). — *Paris*, 1853, in-8°.

1339. GAUTIER DE SIBERT. Histoire des ordres royaux, hospitaliers-militaires de Notre-Dame du Mont-Carmel et de Saint-Lazare de Jérusalem. — *Paris*, 1772, in-4°.

2516. GAZETTE des tribunaux, contenant les nouvelles des tribunaux, la notice des causes, mémoires et plaidoyers, etc., etc., par M. Mars, avocat. — *Paris*, 1775-1787, 24 vol. in-8°.

902. GAZETTE des tribunaux, journal de jurisprudence et des débats judiciaires. 1er Nov. 1825-1893. — *Paris*, 1825-1893, 70 vol. in-fol. Table générale des matières, 1er Nov. 1826 au 31 Oct. 1829, 2 vol.

909. GAZETTE du Palais. Répertoire encyclopédique du droit français par Labori (F.), avec la collaboration de Schaffhauser et de Duparc (A.), etc. Tomes 1 - 7. — *Paris*, 1889-1893, 7 vol. in-4°.

1064. GENTILIS (Scipio.). Opera omnia. — *Neapoli*, 1763-1769, 8 vol. in-4°.

2237. GEOFFROY (L.). Code pratique des faillites. — *Paris*, 1853, in-8°.

2824. GEOFFROY (J.) et **PLANCHE** (J.)., Idylles de Théocrite, traduites en français par Geoffroy (J.) et Planche (J.). — *Paris*, 1823, in-12.

2193. GÉRANDO (Le Baron). Institutes du droit administratif français, ou élémens du Code administratif. — *Paris*, 1829-1830, 4 vol. in-8°.

2683. GÉRARD (L'Abbé). Essai sur les vrais principes, relativement à nos connoissances les plus importantes. — *Paris*, 1826, 3 vol. in-8°.

2869. GÉRAUD (Ch.). Table générale alphabétique et analytique des instructions et circulaires, des lettres communes, précis et bulletins chronologiques, publiés par l'administration de l'enregistrement, des domaines et du timbre, de l'origine au 1er janvier 1887.

I. Dictionnaire de la perception des droits d'enregistrement.

II. Dictionnaire de pratique administrative et de jurisprudence domaniale. — *Paris*, 1887, 2 vol. in-8°.

65. GÉRAUD DE MAYNARD. Notables et singulières questions de droit écrit, jugées au Parlement de Toulouse, conférées avec les préjugés des autres Parlemens de France. Nouvelle édition par R[icher]. — *Toulouse*, 1751, 2 vol. in-fol.

GERMAIN. Voyez Mongalvy.

2589. GILBERT. OEuvres complètes. — *Paris*, 1823, in-8°.

120. GILLES (Nicole). Les très élégantes et copieuses annales et croniques des très chrestiens et excellens modérateurs des belliqueuses Gaulles, depuis la triste désolation de la tresinclyte et fameuse cité de Troye, jusques au temps du Roy Loys onzième, additionnées selon les modernes historiens, jusques en l'an mil cinq cens cinquante et un. — *Paris*, 1551, in-fol.

1277. [GILLET]. Arrests et réglemens concernant les fonctions des procureurs tiers référendaires du Parlement de Paris. — *Paris*, 1717, in-4°.

2387. — Du droit de cité, des droits d'élection qui en dérivent. — *Paris*, 1820, in-8°.

1057. GILLET (François-Pierre). Plaidoyers et autres œuvres. — Nouvelle édition, *Paris*, 1718, 2 vol. in-4°.

2618. GILLET et **DEMOLY** (F.). Analyse des circulaires, instructions et décisions émanées du Ministère de la Justice (12 Janv. 1791, 6 Oct. 1858). — *Paris*, 1859, in-8°.

140. GIRARD (E.). Trois livres des offices de France, avec les additions par Jacques Joly. — *Paris*, 1638, 2 vol. in-fol.

141. Même ouvrage. — *Paris*, 1644-1647, 3 tomes en 2 vol. in-fol.

— Voyez Néron (Pierre).

2692. GIRAULT-DUVIVIER (Ch.-P.). Grammaire des grammaires, ou analyse raisonnée des meilleurs traités sur la langue françoise. — *Paris*, 1814, 2 vol. in-8°.

GODOFFRE (A.). Voyez Chauveau (A.).

2689. [GOEZMANN]. Histoire des démélés entre l'empereur Charles-Quint et François premier, et les conspirations du Connétable de Bourbon, son procès, son jugement sous les règnes de ces deux princes. — *Paris*, 1790, 2 vol. in-8°.

1303. [GOGUET (Ant.)]. De l'origine des loix, des arts et des sciences et de leur progrès chez les anciens peuples. — *Paris*, 1758, 3 vol. in-4°.

1380. GONNEAU. Vocabulaire ou nouvel indicateur des rues de Paris. — *Paris*, 1839, in-4°.

2323. GORGES (J.-M.) et **BEZARD** (V.-A.). Manuel des transferts et mutations de rentes sur l'État. — *Paris*, 1883, in-8°.

2863. — Même ouvrage, 2ᵉ édition augmentée par J.-M. Gorges et E. de Bray. — *Paris*, 1891, in-8°.

2324. GOSSART (F.). Du renouvellement des inscriptions des privilèges et hypothèques. — *Paris*, 1886, in-8°.

57. GOTHOFREDUS (Jacob.). Codex Théodosianus cum perpetuis commentarius, opus posthumum opera et studio Marvillii (Ant.). — *Lugduni*, 1665, 6 vol. in-8°.

2779. — Manuale juris, seu parva juris mysteria. — *Neapoli*, 1766, in-12.

2599. **GOUBE** (J.-J.-C.). Histoire du duché de Normandie. — *Rouen* et *Paris*, 1815, 3 vol. in-8°.

2167. **GOUBEAU DE LA BILLENNERIE.** Traité des exceptions en matière de procédure civile. — *Paris*, 1823, in-8°.

2033. **GOUX** (A.). Manuel du Notaire, ou instruction par demandes et réponses sur les contrats, donations, testamens, etc. Quatrième édition. — *Toulouse*, 1818, in-8°.

2694. **GRAESSE** (J.-G.-Th.). Orbis latinus oder Verzeichniss der lateinischen Benennungen der bekanntesten Städte etc., Meere, Seen, Berge und Flüsse, etc. Ein supplement zu jedem lateinischen und geographischen Wörterbuche. *Dresden*, 1861, in-8°.

1254. **[GRAMME** (Jean-Philippe)]. Coutumes et ordonnances du pays et comté de Namur, avec le stile et manière de procéder au conseil provincial et és cours subalternes. — *La Haye*, 1736, in-4°.

2906. **GRASSERIE** (Raoul de la). Code civil du canton de Grisons. — *Paris*, 1893, in-8°.

2392. **GRAVINA.** Origines du droit civil ou histoire de la législation chez les Romains, traduite par Réquier. — *Paris*, 1822, in-8°.

1151. **GRAVINA** (Janus-Vincentius). Opera, seu Originum juris civilis libri tres : recensuit et adnotationibus auxit Gotfridus Mascovius. — *Venetiis*, 1739, in-4°.

2639. **GREFFIER** (Eug.). Des cessions et des suppressions d'offices ; résumé pratique des lois, décrets et instructions ministérielles concernant cette matière. — *Paris*, 1874, in-8°.

2530. **GRÉGOIRE.** Essai historique sur les libertés de l'Église gallicane et des autres Églises de la catholicité, pendant les deux derniers siècles. — *Paris*, 1820, in-8°, 1er du recueil.

GRÉGOIRE IX. Voyez Ferrière (Cl.-J. de).

1054. **GRENIER**. Traités des donations, des testamens et de toutes autres dispositions gratuites, suivant les principes du Code Napoléon. *Clermont-Ferrand*, 1812, 2 vol. in-4°.

1053. — Traité des hypothèques. — *Clermont-Ferrand*, 1822, 2 vol. in-4°.

1233. **GRIFFET** (Le Père H.). Histoire du règne de Louis XIII, Roi de France et de Navarre. — *Paris*, 1758, 3 vol. in-4°.

31. **GRIMAUDET** (François). Les œuvres de François Grimaudet. — *Amiens*, 1669, in-fol.

1377. **GRIPON** (Maxime). De la publicité et de l'inscription des hypothèques légales. — *Paris*, 1872, gr. in-8°.

2769. **GROSLEY**. Mémoires historiques et critiques pour l'histoire de Troyes, ornés de plusieurs planches gravées. Édition augmentée d'une notice sur la vie et les ouvrages de l'auteur par M. Simon. — *Paris* et *Troyes*, 1811-1812, 2 vol. in-8°.

2174. **GROSSE** et **RAMEAU** (Ch.). Commentaire ou explication au point de vue pratique de la loi du 21 mai 1858 sur la procédure d'ordre. — *Paris*, 1858, 2 tomes en 1 vol. in-8°.

1170. **GROTIUS** (Hugonis). De Jure Belli ac Pacis libri tres, cum annotatis auctoris, nec non J.-F. Gronovii notis, et J. Barberacii animadversionibus, commentariis H.-L.-B. de Cocceci, et observationibus Samuelis L.-B. de Cocceci. Adduntur tandem ipsius Grotii Dissertatio de Mari libero, ac libellus de Æquitate, Indulgentia et Facilitate. — *Lausannae*, 1751, 5 vol. in-4°.

1166. **GROTIUS** (Hugues). Le droit de la guerre et de la paix. Nouvelle traduction par Jean Barbeyrac. — *Amsterdam*, 1729, 2 vol. in-4°.

2498. Le droit de la guerre et de la paix, traduit du latin en françois par M. de Courtin, augmenté de la liberté de la mer, etc. — *La Haye*, 1703, 3 vol. in-12.

2483. De Jure Belli ac Pacis libri tres. — *Amstelodami*, 1689, in-8°.

2466. [**GROU** (L'Abbé)]. Dialogues de Platon. — *Amsterdam*, 1770, 2 vol. in-8°.

2421. — Loix de Platon. — *Amsterdam*, 1769, 2 vol. in-8°.

2224. **GRUN** et **JOLIAT**. Traité des assurances terrestres et de l'assurance sur la vie des hommes, suivi d'un appendice renfermant les statuts des principales compagnies françaises d'assurance, et les polices des principales compagnies françaises et étrangères. — *Paris*, 1828, in-8°.

GUADET (J.). Voyez Dufau (P.-A.); Duvergier (J.-A.).

74. **GUÉNOIS** (Pierre). La grande conférence des ordonnances et édicts royaux, jusques à l'année MDCLIX. Distribuée en 12 livres, à l'imitation et selon l'ordre et disposition du Code de l'Empereur Justinien, puis amplifiée par MM. L. Charondas, N. Frerot, G. Michel. Matth. de la Faye, L. Bouchel, M. Joly et J. Thaumas. Advocats en Parlement. — *Paris*, 1660, 3 vol. in-fol.

79. **GUENOYS** (Pierre). La conférence des coustumes tant générales que locales et particulières du royaume de France. — *Paris*, 1596, in-fol.

GUÉRET (Gabriel). Voyez Blondeau (Claude).

2023. **GUICHARD**. Dissertation sur la question de savoir : si un testament reçu par Notaire, est nul à défaut de contenir mention expresse qu'il a été écrit par le Notaire, lorsque d'ailleurs il est constant que c'est le Notaire qui l'a réellement écrit, et que la mention même de ce fait se trouve exprimée en termes équipollens. — *Paris*, An XIII, in-8°, 5e pièce du recueil.

2310. **GUICHARD** (A.-Ch.). Dictionnaire de l'indemnité, ou résumé alphabétique et raisonné de nombreuses décisions rendues .... sur des questions relatives à l'indemnité des émigrés, des déportés et condamnés. — *Paris*, 1827, in-8°.

2262. **GUICHARD** (J.). Traité des droits civils. — *Paris*, 1824, in-8°.

2040. **GUIDE** des notaires et des employés de l'enregistrement, contenant : 1° des formules d'actes d'après ceux des meilleurs notaires de Paris; 2° leurs effets, etc., etc. Seconde édition. — *Paris*, s. d. 6 vol. in-8°.

GUILLE. Voyez Michel.

2618. **GUILLEMOT** (René). Traité des consignations. — *Paris*, 1868, in-8° (2 exemplaires).

2624. **GUILLON DE MONTLÉON** (Aimé). Mémoires pour servir à l'histoire de la ville de Lyon pendant la Révolution. — *Paris*, 1824, 3 vol. in-8°.

2878. **GUILLOUARD** (L.). Traité du contrat de louage. — *Paris*, 1884-1885, 2 vol. in-8°.

2876. — Traité du contrat de mariage. — *Paris*, 1885-1888, 4 vol. in-8°.

2879. — Traité du contrat de société. — *Paris*, 1891, in-8°.

2877. — Traités de la vente et de l'échange. — *Paris*, 1889-1890, 2 vol. in-8°.

2881. — Traités des contrats aléatoires et du mandat. — *Paris*, 1893, in-8°.

2880. — Traités du prêt, du dépôt et du séquestre. — *Paris*, 1892, in-8°.

2748. GUINÉ (François). Traités de la représentation, du double lien, et de la règle *paterna paternis, materna maternis*, par rapport à toutes les coutumes de France. — *Paris*, 1773, in-12.

2473. GUIRAUDET (T.). OEuvres de Machiavel, traduction nouvelle. — *Paris*, An VII, 9 vol. in-8°.

66. GUISE (Mlle de). Pièces diverses du xviie et du xviiie siècle intéressant les maisons de Condé et de Conti, Mlle de Guise. — Voyez MÉLANGES.

2753. GUIZOT. Collection des mémoires relatifs à l'histoire de France, depuis la fondation de la monarchie française jusqu'au xiiie siècle; avec une introduction, des supplémens, des notices et des notes. — *Paris*, 1823-1826, 29 vol. in-8°.

1107. GUYNÉ (François). Traitez de la représentation, du double lien et de la règle *paterna paternis, materna maternis* par rapport à toutes les coûtumes de France. — *Paris*, 1727, in-4°.

2720. GUYOT (G.-A.). Coutumes du comté et bailliage de Mante et Meulan, les notes de Ch. Dumoulin, etc. — *Paris*, 1739, in-12.

1093. — Traité ou dissertations sur plusieurs matières féodales tant pour le pays coutumier que pour le pays de droit écrit. — *Paris*, 1738-1743, 4 vol. in-4°.

1302. GUYOT (P.-J.-J.). Traité des droits, fonctions, franchises, exemptions, prérogatives et privilèges annexés en France à chaque dignité, à chaque office et à chaque état, soit civil, soit militaire, soit ecclésiastique. — *Paris*, 1786-1788, 4 vol. in-4°.

H

2803. **HALLAM** (Henry). L'Europe au moyen-âge, traduit de l'anglais par MM. P. Dudouit et A.-R. Borghers. — *Paris*, 1820-1822, 4 vol. in-8°.

4012. **HALLAY-DABOT.** Voyez *Recueil des Arrêts du Conseil d'État.*

2520. **HARRINGTON** (J.). Aphorismes politiques de Harrington, traduits de l'anglais. — *Paris*, An III, in-12.

2741. **HÉGUIN DE GUERLE.** Les veillées russes. — *Paris*, 1827, in-16.

1136. **HEINECCIUS** (J. Gott.) Opera omnia. — *Genevae*, 1771, 9 vol. in-4°.

— **HÉLIE** (Faustin). Voyez Rivière (H.-F.).

2789. **HELLIEZ.** Géographie de Virgile par Helliez, augmentée de la géographie d'Horace; ou notice des lieux dont il est parlé dans les ouvrages de ces poëtes. Nouvelle édition enrichie de quatre cartes géographiques par J.-G. Masselin. — *Paris*, 1820, in-12.

1229. **HELVÉTIUS.** OEuvres complettes. — *Londres*, 1781, 2 vol. in-4°.

1325. **HÉNAULT.** Nouvel abrégé chronologique de l'histoire de France, contenant les évènemens de notre histoire depuis Clovis jusqu'à la mort de Louis XIV, les guerres, les batailles, les sièges, etc., nos loix, nos mœurs, nos usages, etc. Nouvelle édition, augmentée et ornée de vignettes. — *Paris*, 1768, 2 vol. in-4°.

2266. **HENKE** (Ed.). Droit public de la Suisse. — *Genève et Paris*, 1825, in-8°.

2795. **HENRIADE** (La) travestie en vers burlesque. — *La Haye*, 1774, in-12.

1052. **HENRION DE PANSEY**. De l'autorité judiciaire en France. — *Paris*, 1818, in-4°.

2175. — De la compétence des juges de Paix. 5ᵉ édition. — *Paris*, 1820, in-8°.

2372. — Du pouvoir municipal et des biens communaux.—- *Paris*, 1822, in-8°.

1105. — Traité des fiefs du Dumoulin, analysé et conféré avec les autres feudistes. — *Paris*, 1773, in-4°.

2454. **HENRIQUEZ** (J.). Code des seigneurs hauts-justiciers et féodaux. *Paris*, 1761, in-12.

— Même ouvrage, *Paris*, 1786, 2 vol. in-12.

2486. — Dictionnaire raisonné du droit de chasse. —- *Paris*, 1784, 2 vol. in-12.

1306. **HENRY** (Robert). Histoire d'Angleterre depuis la première descente de Jules César, traduite par A.-M.-H. Boulard. — *Paris*, 1789-1796, 6 vol. in-4°.

42¹. **HENRYS** (Claude). OEuvres de M. Henrys, contenant son recuëil d'arrèts, ses plaidoyers et harangues, avec des observations sur les changemens de la jurisprudence arrivés depuis la mort de l'auteur, par M. A.-J. Bretonnier. — *Paris*, 1708, 2 vol. in-fol.

42². Même ouvrage, 6ᵉ édition. *Paris*, 1772, 4 vol. in-fol.

1347. **HERBELIN** jeune. Voyez *Testament argué de faux*.

2600. **HERDER**. Idées sur la philosophie de l'histoire de l'humanité, par Herder, traduit de l'allemand par Edgard Quinet.

73¹. **HÉRICOURT** (Louis de). Les loix ecclésiastiques de France dans leur ordre naturel, et une analyse des livres du droit canonique conferez avec les usages de l'Église Gallicane. Nouvelle édition. — *Paris*, 1730, in-fol.

73². Même ouvrage, *Paris*, 1771, in-fol. — Voyez Dehéricourt.

2666. **HÉRODOTE**. Harangues tirées d'Hérodote, par l'Abbé Auger.

2575. —Histoire d'Hérodote, suivie de la vie d'Homère, par A.-F. Miot.

2355. **HERVÉ**. Théorie des matières féodales et censuelles. — *Paris*, 1785, 7 tomes en 8 vol. in-12.

HERVEY. Voyez Young.

4024. **HERVIEU**. Journal des conservateurs des hypothèques. Voyez *Journal*.

1043. **HERVIEU** (L.-C.). Résumé de jurisprudence, de législation et de doctrine sur les privilèges et hypothèques et sur les poursuites en matière d'ordre, de saisie immobilière et de surenchère. — *Paris*, 1846, in-4°.

1245. **HEVIN** (Pierre). Consultations et observations sur la coûtume de Bretagne. — *Rennes*, 1734, in-4°.

1171. **HISTOIRE** du droit public ecclésiastique. — *Londres*, s. d., 2 vol. in-4°. (Ouvrage attribué à de Burigny.)

2468. **HOBBES** (Thomas). OEuvres philosophiques et politiques. — *Neufchâtel*, 1787, 2 vol. in-8°.

HOCQUART. Voyez Vosgien.

2329. **HOECHSTER** (E.-G.), **SACRÉ** (A.) et **OUDIN** (L.). Manuel de droit commercial français et étranger. — *Paris*, 1874, in-8°.

2464. [**HOLBACH**]. La politique naturelle ou discours sur les vrais principes du gouvernement. — *Londres*, 1773, 2 vol. in-8°.

2559. HOLBACH (Le Baron d'). Système de la nature, ou lois du monde physique et du monde moral. Nouvelle édition avec des notes et des corrections, par Diderot. — *Paris*, 1820, 2 vol. in-8°.

2579. HOMÈRE. L'Iliade d'Homère avec des remarques, précédée de réflexions sur Homère et sur la traduction des poètes. Voyez Bitaubé (P.-J.).

2841. — L'Odyssée d'Homère avec des remarques, précédée d'observations sur l'Odyssée et de réflexions sur la traduction des poètes. — Voyez Bitaubé (P.-J.).

2575. — Vie d'Homère. — Voyez Miot (A.-F.).

2789. HORACE. Géographie de Virgile, augmentée de la géographie d'Horace, ou notice des lieux dont il est parlé dans les ouvrages de ces poètes. — Voyez Helliez.

2528. — Odes d'Horace traduites en vers. Voyez Chrestien de Lihus.

2582. — OEuvres complètes d'Horace, traduites en vers, par P. Daru. — *Paris*, 1823, 2 vol. in-8°.

116. HORATIUS FLACCUS (Q.). Opera. — *Parisiis*, 1799, in-fol.

HORRER (J. d'). Voyez Klopstock (F.-G.).

2259. HORSON. Questions sur le Code de commerce, ou recueil des articles de jurisprudence commerciale insérés dans le journal du commerce jusqu'en 1829. — *Paris*, 1830, 2 vol. in-8°.

1163. HOUARD. Anciennes loix des françois, conservées dans les coutumes angloises, recueillies par Littleton. — *Rouen*, 1779, 2 vol. in-4°.

1255. — Dictionnaire analytique, historique, étymologique, critique et interprétatif de la coutume de Normandie. — *Rouen*, 1780-1782, 4 vol. in-4°.

1292. — Traités sur les coutumes anglo-normandes qui ont été publiées en Angleterre, depuis le xie jusqu'au xive siècle. — *Paris*, 1776, 4 vol. in-4º.

2864. **HOUPIN** (C.). Traité théorique et pratique des sociétés par actions, françaises et étrangères et des sociétés d'assurances (avec formules). — *Paris*, 1889, 2 vol. gr. in-8º.

HUARD-DELAMARRE. Voyez Albin le Rat de Magnitot.

2413. [**HUBNER**]. Essai sur l'histoire du droit naturel. — *Londres*, 1757-1758, 2 vol. in-12.

2904. **HUC** (Th.) et **ORSIER** (J.). Le Code civil italien et le Code Napoléon. Études de législation comparée. — *Paris*, 1868, 2 vol. in-8º.

2204. [**HUET DE COETLISAN**]. De l'organisation de la puissance civile dàns l'intérêt monarchique. — *Paris*, 1820, in-8º.

2668. **HUGO** (Herman.). De prima scribendi origine et universa rei litterariae antiquitate, prœfacionem et indices adjecit Trotz. — *Trajecti ad Rhenum*, 1738, in-8º.

1137. **HULOT**. Les Institutes de l'empereur Justinien, traduites en français par Hulot. — *Metz* et *Paris*, 1806, in-4º.

1138. **HULOT** et **BERTHELOT**. Les cinquante livres du Digeste, traduits par Hulot pour les quarante-quatre premiers livres et par Berthelot pour les six derniers. — *Metz* et *Paris*, 1803-1805, 7 vol. in-4º.

2049. **HUYGENS** (J.-B.-J.). Le Notaire Belgique, ou la science des Notaires divisée en théorie et pratique conformément aux lois, placards et édits de Sa Majesté, avec les formules selon le stile moderne et l'observance journalière. — *Bruxelles*, 1755, in-8º.

I

— **IBELIN** (Jean d'). Voyez Thaumas de la Thaumassière.

2077. **INSTITUTIONES** D. Justiniani. — *Amstelodami*, 1676, in-32.

2399. **INSTITUTIONS** du droit françois (Nouvelles). — *Paris*, 1733, in-12.

4010. **INSTRUCTIONS** décadaires sur l'enregistrement, droits y réunis, et domaines nationaux, tomes I à XV, nos 1 à 274.

— Journal de l'enregistrement, des droits y réunis et des domaines, tomes XVI et XVII, nos 275-310.

— Journal de l'enregistrement et des domaines, tome XVIII. (Ce titre se continue.) — *Paris*, 1798-1893, 140 vol. in-8°.

4008. **INSTRUCTIONS** générales de M. le Conseiller d'État, Directeur général de l'administration de l'enregistrement et des domaines. — Bulletin chronologique des ordonnances du Roi rendues en matière contentieuse sur des questions concernant le domaine. — Précis chronologique des arrêts de la Cour de cassation concernant l'enregistrement et le domaine. — *Paris*, 1811-1850, 53 tomes en 27 vol. in-8°.

2408. **ISAMBERT.** Annales politiques et diplomatiques ou manuel du publiciste et de l'homme d'État. — *Paris*, 1823-1824, 4 vol. in-8°.

2282. — Recueil complet des lois et des ordonnances du royaume à compter du 1er avril 1814 [jusqu'en 1825]. — *Paris*, 1821-1826, 15 vol. in-8°.

2281. — Recueil général des anciennes lois françaises, depuis l'an 420 jusqu'à la révolution de 1789, par MM. Jourdan, Decrusy et Isambert. — *Paris*, 1824-1833, 29 vol. in-8° (avec la table).

J

2066. **JACQUEMINOT**. Rapport fait par Jacqueminot au nom de la section de législation sur l'organisation du Notariat. — *Paris*, An VIII, in-8°, 12ᵉ pièce du recueil.

1294. **JACQUET**. Traité des justices du seigneur et des droits en dépendant. — *Lyon* et *Paris*, 1764, in-4°.

2767. **JAMIESON**. De l'origine de la crémation ou de l'usage de brûler les corps; dissertation traduite de l'anglais, par A. M.-H. B[oulard]. — *Paris*, 1821, in-8°, 3ᵉ pièce du recueil.

2066. **JAUBERT**. Discours prononcé par Jaubert, sur le projet de loi relatif à l'organisation du Notariat. — *Paris*, An XI, in-8°, 16ᵉ pièce du recueil.

2177. **JAY** (J.-L.). Dictionnaire général et raisonné des justices de paix en matière civile, administrative, de simple police et d'instruction criminelle. — *Paris*, 1859, 4 vol. in-8°.

2178. — Nouveau traité du bornage. — *Paris*, 1859, in-8°.

2227. — Traité des conseils de famille, des tuteurs, subrogés-tuteurs et curateurs et des conseils judiciaires. — 3ᵉ édition, *Paris*, 1854, in-8°.

2031. **JEANNEST SAINT-HILAIRE** (A.). Du Notariat et des offices. — *Paris*, 1858, in-8°.

2577. **JÉRUSALEM** délivrée, poème traduit de l'italien, nouvelle édition revue et corrigée, enrichie de la vie du Tasse. — *Paris*, 1814, 2 vol. in-8°.

1307. [**JEUNE** (le père Mansuet)]. Histoire critique et apologétique de l'ordre des chevaliers du temple de Jérusalem, dit Templiers. — *Paris*, 1789, 2 vol. in-4°.

JOLIAT. Voyez Grün et Joliat.

JOLY (Claude). Voyez Loisel (Ant.).

JOLY (Jacques). Voyez Girard (E.).

2703. **JONDOT** (M.-E.). Tableau historique des nations, ou rapprochement des principaux événemens arrivés à la même époque sur la surface de la terre. — *Paris*, 1808, 4 vol. in-8°.

2236. **JOSSEAU** (J.-B.). Traité du Crédit foncier, ou explication théorique et pratique de la législation relative au Crédit foncier de France. — *Paris*, 1853, in-8°.

— 2ᵉ édit. revue et augmentée par l'auteur avec la collaboration de M. Michot. — *Paris*, 1872, 2 vol. in-8°.

1361. **JOUANNEAU** (L.-C.) et **SOLON**. Discussions du Code civil dans le Conseil d'État, précédées des articles correspondans du texte et du projet; .... sur le plan donné par M. Regnaud (de Saint-Jean-d'Angély). Table alphabétique et raisonnée, par J.-B. Delaporte. — *Paris*, An XIII (1805)-1808, 3 vol. in-4°.

1086 *bis*. **JOUET** (Laurent). La jurisprudence du Palais réduite en maximes tirées et compilées du droit et des arrests, des ordonnances et de la coustume de Paris. — *Paris*, 1676, in-4°.

JOUFFROY (Th.). Voyez Dugald-Stewart.

JOURDAN. Voyez Isambert.

4010. JOURNAL DE L'ENREGISTREMENT ET DES DOMAINES. Voyez
INSTRUCTIONS DÉCADAIRES.

4014. JOURNAL DES ASSURANCES terrestres, maritimes, sur la
vie, etc., législation, doctrine et jurisprudence, fondé en 1849, par
L. Pouget, continué depuis 1870, par Ed. Badon-Pascal. — *Paris*,
1861-1893, 33 vol. in-8°. (Les 11 premières années manquent.)

1128. JOURNAL DES AUDIENCES DE LA COUR DE CASSATION, ou prin-
cipaux arrêts rendus par cette Cour, en matière civile et mixte, par
Denevers, Duprat, Jalbert, Seligny, Dalloz, Tournemine et A. Dalloz.
— *Paris*, 1809-1836, 39 vol. in-4°.

4023. JOURNAL DES AVOUÉS, ou recueil critique de législation, de
jurisprudence et de doctrine en matière de procédure civile, commerciale et administrative. — *Paris*, 1825-1892, 117 tomes en 82 vol.
in-8°.

4024. JOURNAL DES CONSERVATEURS DES HYPOTHÈQUES, des Notaires
et Avoués, rédigé par Hervieu, Emion, Fabre, Aigoin, etc. — *Paris*,
1845-1892, 48 tomes en 24 vol. in-8°.

Dictionnaire de jurisprudence hypothécaire. Répertoire du journal
des Conservateurs des hypothèques, 1845-1880, in-8°.

4006. JOURNAL DES HUISSIERS, publié par plusieurs jurisconsultes et
praticiens, rédacteur en chef : G. Dutruc, depuis 1874. — *Paris*,
1831-1893, 75 tomes en 37 vol. in-8°. Table générale et décennale des
matières, 1820-1829, in-8°.

2025. JOURNAL DES NOTAIRES ET DES AVOCATS, par une société de
jurisconsultes et de Notaires. — *Paris*, 1808-1893, 124 vol. in-8°.

4027. JOURNAL DES SOCIÉTÉS CIVILES ET COMMERCIALES françaises
et étrangères, revue de jurisprudence, de doctrine et de législation,
publiée par MM. Ledru, Houpin, Worms, etc., etc. — *Paris*, 1880-
1893, 14 vol. in-8°.

4022. JOURNAL DU DROIT INTERNATIONAL PRIVÉ et de la jurisprudence comparée, publié avec le concours de MM. Demangeat, Mancini, etc., par Ed. Clunet. — *Paris*, 1874-1893, 20 vol. in-8°.

4031. JOURNAL DU NOTARIAT. Recueil pratique de doctrine et de jurisprudence en matière de droit, de Notariat et d'Enregistrement, par une société de notaires et de jurisconsultes. — *Paris*, 1889-1892, 4 vol. in-8°. (Ouvrage incomplet.)

1124. JOURNAL DU PALAIS. Bulletin des décisions en matière d'enregistrement, de timbre, greffe, hypothèque et des contraventions notariales. Numéros 1 à 50, années 1851 à 1864. — *Paris*, s. d., gr. in-8°.

1122. — Jurisprudence administrative. An VIII–1889. — *Paris*, 1842-1889, 19 tomes en 11 vol. gr. in-8°.

1123. — Lois, décrets, règlements et instructions d'intérêt général, suivis d'annotations, 1845-1890. — *Paris*, s. d. 14 tomes en 9 vol. gr. in-8°.

1120. — Recueil le plus ancien et le plus complet de la jurisprudence (1791-1893). — *Paris*, 1857-1893, 82 vol. gr. in-8° et 2 vol. in-4°. (A partir de 1892 le format est in-4°.)

1121. — Répertoire général, supplément au répertoire, table chronologique et complémentaire. — *Paris*, 1845-1873, 17 vol. gr. in-8°.

901. JOURNAL OFFICIEL de l'Empire français, 1869-1871, 4 vol. in-fol.

— Journal officiel de la République française. Septembre 1871-1892. Tables, 1871-80, 1 vol. ; 1881-1890, 1 vol. — *Paris*, 1869-1892, 156 vol. in-fol.

2414. [JOUSSE]. Commentaire sur l'édit du mois d'avril 1695, concernant la jurisdiction ecclésiastique. — *Paris*, 1764, 2 vol. in-12. (2 exemplaires.)

2485. — Commentaire sur l'ordonnance des eaux et forêts, du mois
d'août 1669. — *Paris*, 1772, in-12.

2518. — Nouveau commentaire sur l'ordonnance civile du mois
d'avril 1667. Nouvelle édition, corrigée et augmentée. — *Paris*, 1757,
2 vol. in-12.

— Même ouvrage. — *Paris*, 1767, 2 vol. in-12.

2519. — Nouveau commentaire sur l'ordonnance criminelle du mois
d'août 1670. — *Paris*, 1753, in-12.

— Même ouvrage. — *Paris*, 1763, in-12.

2495. — Recueil chronologique des ordonnances, édits et arrêts de
règlement cités dans les nouveaux commentaires sur les ordonnances des mois d'avril 1667, août 1669, août 1670 et mars 1673. —
Paris, 1757, 3 vol. in-12.

1115. — Traité de l'administration de la justice. — *Paris*, 1771, 2 vol.
in-4°.

1116. — Traité de la justice criminelle de France. — *Paris*, 1771, 4 vol.
in-4°.

2429. — Traité du gouvernement spirituel et temporel des paroisses.
— *Paris*, 1769, in-12.

2066. **JOUSSELIN.** Opinion de Jousselin sur la résolution du 24 germinal An VII, contenant organisation du Notariat. — *Paris*, An VII,
in-8°, 6ᵉ pièce du recueil.

2173. **JOUSSELIN (J.).** Traité des servitudes d'utilité publique, ou des
modifications apportées par les lois et par les règlements à la propriété immobilière en faveur de l'utilité publique. — *Paris*, 1850,
2 vol. in-8°.

2768. JUAN (Don) **D'AUTRICHE**. Histoire de Don Juan d'Autriche. Voyez Dumesnil (A.).

1269. JULIEN (Jean-Joseph). Élémens de jurisprudence selon les loix romaines et celles du royaume. — *Aix*, 1785, in-4°.

2584. JULLIEN (A.). Topographie de tous les vignobles connus. — *Paris*, 1816, in-8°.

1071. JURISPRUDENCE du xixe siècle, ou table générale alphabétique et chronologique du recueil général des lois et des arrêts, 1791-1880, par L.-M. Devilleneuve, P. Gilbert, Ruben de Couderc et Ed. Fuzier-Herman. — *Paris*, 1851-1882, 7 vol. in-4°.

1074. Jurisprudence du xixe siècle, ou table tricennale du recueil général des lois et des arrêts, par MM. Sirey et Devilleneuve, rédigée et mise en ordre par M. L.-M. Devilleneuve, 1800-1830.

— Jurisprudence du xixe siècle ou table décennale du recueil général des lois et des arrêts, 1831-1840, par L.-M. Devilleneuve. — *Paris*, 1834-1841, 2 vol. in-4°.

1073. Jurisprudence du xixe siècle, par J.-B. Sirey, J.-B. Duvergier et L.-M. Devilleneuve. — *Paris*, 1821, in-4°.

K

3. KAHL (Joh.) alias Calvinus. Magnum lexicon juridicum. — *Coloniæ Allobrogum*, 1759, 2 vol. in-fol.

2556. KLOPSTOCK (F.-G.). Le Messie, poème de Klopstock, traduction nouvelle, par J. d'Horrer. — *Paris*, 1825-1826, 3 vol. in-8°.

L

909. LABORI. Gazette du Palais. Répertoire encyclopédique du droit français, par Labori, avec la collaboration de Schaffhauser et de Duparc (A.), etc. Voyez *Gazette du Palais*.

2842. LA BRUYÈRE (de). Les caractères de M. de La Bruyère, suivis des caractères de Théophraste, traduits du grec. — *Paris*, 1818, 2 vol. in-8°.

2885. LACOINTA (Jules). Code pénal d'Italie (30 juin 1889), traduit, annoté et précédé d'une introduction. — *Paris*, 1890, in-8°.

2595. LACRETELLE (Ch.). Histoire de France pendant le xviiiᵉ siècle. — *Paris*, 1819-1821, 8 vol. in-8°.

2627. LA CURNE DE SAINTE-PALAYE. Mémoires sur l'ancienne chevalerie, avec une introduction et des notes historiques, par Ch. Nodier. — *Paris*, 1826, 2 vol. in-8°.

2185. LADVOCAT. Dictionnaire historique, philosophique et critique, abrégé de Bayle et des plus grands dictionnaires biographiques, etc. — *Paris*, 1821-1822, 5 vol. in-8°.

1348. LAFARGE (Caisse). Recueil de pièces sur la caisse ou tontine Lafarge. — *Paris*, 1791-1808, in-4°.

2166. LAFERRIÈRE (F.). Cours théorique et pratique du droit public et administratif. — 4ᵉ édition, *Paris*, 1854, 2 vol. in-8°.

2165. — Histoire du droit français, précédé d'une introduction sur le droit civil de Rome. — *Paris*, 1852-1853, 4 vol. in-8°.

2633. **LAIRTULLIER** (A.). Introduction à l'étude du droit. — *Paris*, 1867, in-12.

2759[1]. — Même ouvrage, même édition.

2023. **LAISNÉ.** Éloge de M. Laisné, Notaire. Voyez BOURGEOIS.

1261. **LAISTRE** (Juste de). Coutume des bailliages de Sens et de Langres, commentée et conférée avec les coutumes voisines, et spécialement avec celle de Chaumont en Bassigny. — *Paris*, 1731, in-4°. (2 exemplaires.)

2752. **LALANDE** (J. de). Tables des logarithmes pour les nombres et pour les sinus. — *Paris*, 1805 (tirage de 1824), in-12.

1111. **LALAURE.** Traité des servitudes réelles, à l'usage de tous les Parlemens et sièges du royaume. — *Caen*, 1786, in-4°.

2706. **[LALLEMENT].** Choix de rapports, opinions et discours prononcés à la tribune nationale, depuis 1789 jusqu'à ce jour; recueillis dans un ordre chronologique et historique. (1789-1815). — *Paris*, 1818-1822, 20 vol in-8°.

1081. **LALOUETTE.** Classification des lois administratives, depuis 1789 jusqu'au 1er avril 1814, précédée d'un essai sur les principes et les règles de l'administration pratique. — *Paris*, 1817, in-4°.

2708. **[LALOURIE ET DUVAL].** Forme générale et particulière de la convocation et de la tenue des Assemblées nationales ou États généraux de France, justifiée par pièces authentiques. — *Paris*, 1789, 3 vol. in-8°.

2709. — Recueil des pièces originales et authentiques concernant la tenue des États généraux d'Orléans, de Blois et de Paris, 1560-1614. — *Paris*, 1789, 9 vol. in-8°.

2710. — Recueil des cahiers généraux des trois ordres aux États généraux d'Orléans, de Blois et de Paris, 1560-1614. — *Paris*, 1789, 4 vol. in-8°.

2812. **LAMARTINE** (Alph.). OEuvres. — *Paris*, 1836, 2 vol. in-8°.

2787. **LAMARTINE** (A. de). Histoire de la Turquie. — *Paris*, 1854-1855, 8 vol. in-12.

2610. — Vie des grands hommes. — *Paris*, 1855, 4 vol. in-8°.

1014. **LAMOIGNON**. Recueil des arrêtés de M. le premier président de Lamoignon. Nouvelle édition, revue, corrigée et augmentée, par M. Richer. — *Paris*, 1783, 2 vol. in-4°.

2472. [**LAMOIGNON DE MALESHERBES**]. Mémoire sur le mariage des protestants en 1785.— Second mémoire sur le mariage des protestants. — *Londres*, 1787, 2 vol. in-8°.

1391. **LANGE**. La nouvelle pratique civile, criminelle et bénéficiale, ou le nouveau praticien françois, avec un traité du droit d'indult du même auteur et un nouveau style des lettres de chancellerie, par Pimont. — *Paris*, 1729, 2 vol. in-4°.

2732. **LANGLOIS**. Principes généraux de la coutume de Paris, où les articles du texte et les ordonnances qui y ont rapport sont rangés dans un ordre méthodique pour en faciliter l'usage. — *Paris*, 1740, in-32. (2 exemplaires.)

— Troisième édition. — *Paris*, 1746, in-32.

16. **LANGLOIX** (Simon-François). Traité des droits, privilèges et fonctions des conseillers du Roy, notaires, gardes-notes, gardes-scel de Sa Majesté au Châtelet de Paris, avec le recueil de leurs chartres et titres. — *Paris*, 1738, petit in-fol.

1027. — Même ouvrage. — *Paris*, 1738, in-4°.

2273. **LANJUINAIS** (Comte). Constitutions de la nation française, avec essai de traité historique et politique sur la charte et un recueil de pièces corrélatives. — *Paris*, 1819, 2 vol. in-8°.

2673. **LAON**. Histoire de la ville de Laon. Voyez J.-F.-L. Devisme.

11. **LA ROCHE FLAVIN** (Bernard de). Treze livres des Parlements de France. — *Bourdeaus*, 1617, in-fol.

2820. **LA ROCHEFOUCAULD**. Maximes et réflexions morales du duc de La Rochefoucauld, ornées de son portrait, etc. — *Paris*, 1820, in-8°.

2591. **LAROMIGUIÈRE**. Leçons de philosophie sur les principes de l'intelligence ou sur les causes et sur les origines des idées. — *Paris*, 1826, 2 vol. in-8°.

2075. **LAUNAY** (P.). Manuel portatif des Notaires. — *Paris*, 1817-1822, in-16.

2180. **LAURENT** (F.). Droit civil international. — *Bruxelles* et *Paris*, 1880-1881, 8 vol. in-8°.

2874. — Principes de droit civil, 3e édition. — *Bruxelles* et *Paris*, 1878, 33 vol. in-8°.

2400. **L[AURIÈRE]** (Eusèbe de). De l'origine du droit d'amortissement. *Paris*, 1692, in-12.

2749. — Dissertation sur le tenement de cinq ans, où l'on fait voir que cette prescription ne doit plus être pratiquée dans l'Anjou, le Maine, la Touraine et le Loudunois. — *Paris*, 1698, in-12.

1223. — Glossaire du droit françois, contenant les explications des mots difficiles qui se trouvent dans les ordonnances de nos Roys, dans les coustumes du royaume, dans les anciens arrests et les anciens titres. — *Paris*, 1704, 2 tomes en 1 vol. in-4°. (2 exemplaires.)

2726. — Texte des coutumes de la prévôté et vicomté de Paris. — *Paris*, 1777, 3 vol. in-12.

2502. — Traité des institutions et des substitutions contractuelles. — *Paris*, 1715, 2 vol. in-12.

— Voyez Berroyer (Cl.); Duplessis; Loisel (Ant.).

2679. **LAVEAUX** (J.-Ch.). Dictionnaire raisonné des difficultés grammaticales et littéraires de la langue française. — *Paris*, 1822, 2 vol. in-8°.

1334. — Nouveau dictionnaire de la langue française. — *Paris*, 1820, 2 vol. in-4°.

1333. **LAZARE** (Félix et Louis). Dictionnaire administratif et historique des rues de Paris et des ses monuments. — *Paris*, 1844, 1 vol. in-4°.

2151. **LE BARON** (F.-A.). Le Code des étrangers, ou recueil des lois et de la jurisprudence anglaise concernant les étrangers. — *Londres*, 1849, in-8°.

2808. **LEBEAU.** Histoire du Bas-Empire, en commençant à Constantin le Grand, continuée par H.-P. Ameilhon. — *Paris*, 1757-1811, 27 tomes en 28 vol. in-12.

— Table alphabétique par Ravier. — *Paris*, 1817, 2 vol. in-12.

2283. — Nouveau Code des prises, ou Recueil des édits, déclarations, lettres patentes, arrêts, ordonnances, réglemens et décisions sur la course et l'administration des prises, depuis 1400 jusqu'au mois de mai 1789, etc. — *Paris*, An VII-An IX, 4 vol. in-8°.

2654. **LE BERQUIER** (J.). La commune de Paris. Limites et organisation nouvelles. — *Paris*, 1860, in-8°.

2860. — Le corps municipal, ou guide théorique et pratique des maires, adjoints, conseillers municipaux et des administrés. — *Paris*, 1858, in-8°.

4012. LEBON. Voyez Recueil des arrêts du Conseil d'État.

2572. LE BOYER (J.). Traité complet du calendrier, considéré sous les rapports astronomique, commercial et historique. — *Nantes* et *Paris*, 1822, in-8°.

10. LEBRET (C.). Les œuvres de Lebret, nouvelle édition. — *Paris*, 1689, in-fol.

1125. LEBRET SAINT-MARTIN. Table générale par ordre alphabétique des matières insérées dans le Journal du Palais, An IX-1821 et supplément. — *Paris*, 1809-1822, 4 vol. in-4°.

61. LE BRUN (Denis). Traité de la communauté entre mari et femme, avec un traité des communautez ou sociétés tacites. Ouvrage posthume donné au public par les soins de maître Louis Hideux, etc. Nouvelle édition. — *Paris*, 1734, in-fol.

— Même ouvrage. — *Paris*, 1754, in-fol.

62. — Traité des successions, divisé en quatre livres. 5e édition augmentée de nouvelles décisions et de remarques critiques, par Me Espiard de Saux. — *Paris*, 1743, in-fol.

— Même ouvrage, nouvelle édition. — *Paris*, 1775, in-fol.

1242. LE CAMUS D'HOULOUVE (Bertrand-Louis). Coutumes du Boulonnois, conférées avec les coutumes de Paris, d'Artois, de Ponthieu, d'Amiens et de Montreuil, le droit commun de la France et la jurisprudence des arrêts. — *Paris*, 1777, 2 tomes en 1 vol. in-4°.

2719. LE CARON (Cl.). Commentaire sur les coustumes du gouvernement de Péronne, Mondidier et Roye. — *Paris* et *Amiens*, 1660, in-8°.

2721. LE CONTE. Coutume de Normandie dans un ordre naturel. — *Rouen*, 1771, in-16.

2420. LECOUSTURIER (A.-F.). Dictionnaire des postes aux lettres du royaume de France. — *Paris*, 1817-1819, 4 vol. in-8°.

2013. LEDRU. La clef du Notariat ou exposition méthodique des connaissances nécessaires à un Notaire. — *Paris* et *Senlis*, 1822, in-8°.

2014. — Le Pothier des Notaires, ou abrégé de ses divers traités, avec l'indication de ceux des articles du Code civil dont on y retrouve les dispositions : Tome I⁰ʳ. Traité des obligations. Tome II. Traités du contrat de mariage et de la communauté. — *Paris*, 1823, 2 vol. in-8°.

2218. LEFEBVRE (A.). Traité de la discipline notariale devant les tribunaux et les chambres des Notaires. — *Paris*, 1875-1876, 2 vol. in-8°.

2861. — Même ouvrage, même édition.

2235. LEFEBVRE (Thibault). Code des donations pieuses, ou législation complète relative aux dons et legs faits aux établissements publics, religieux ou laïques et aux associations de toute nature. — *Paris*, 1850, in-8°.

2611. LEFEUVE. Le tour de la vallée. — *Montmorency*, 1867, 2 vol. in-8°.

2628. — Les anciennes maisons de Paris sous Napoléon III. — *Paris* et *Bruxelles*, 1873, 5 vol. in-8°. (2 exemplaires.)

1068. LEFEVRE DE LA PLANCHE. Mémoires sur les matières domaniales, ou traité du domaine. — *Paris*, 1764-1765, 3 vol. in-4°.

1191. — Même ouvrage, même édition.

2156. **LEGAT** (B.-J.). Code des étrangers, ou traité de la législation française concernant les étrangers. — *Paris*, 1832, in-8°.

2066. **LEGIER**. Observations sur le rapport du citoyen Legier et les trois projets de résolution, pour établir des droits de greffe et créer des conservateurs des anciens actes publics. — *Paris*, s. d., in-8°. 17e pièce du recueil.

2855. **LEGLIZE** (P.). Répertoire de législation, jurisprudence et style des Huissiers. — *Paris*, 1832, 5 vol. in-8°.

91. **LE GRAND** (Louis). Les coustumes et loix des villes et des chastellenies du comté de Flandre, traduites en françois, auxquelles les notes latines et flamandes de Laurens van den Hane sont jointes avec des observations sur la traduction. — *Cambray*, 1719, 3 vol. in-fol.

109. — Coutume du bailliage de Troyes, avec les commentaires de Me Le Grand, 4e édition. — *Paris*, 1737, in-fol.

1082. **LE GRAVELEND** (J.-M.). Traité de la législation criminelle de la France. 2e édition. — *Paris*, 1823, 2 vol. in-4°.

2887. **LEHR** (Ern.). Code civil du canton de Zurich de 1887, traduit et annoté. — *Paris*, 1890, in-8°.

2884. — Code de commerce portugais de 1888, traduit et annoté. — *Paris*, 1889, in-8°.

2900. — Éléments de droit civil anglais. — *Paris*, 1885, in-8°.

2902. — Éléments de droit civil espagnol. — *Paris*, 1880-1890, 2 vol. in-8°.

2903. — Traité élémentaire de droit germanique. (Allemagne et Autriche.) — *Paris*, 1892, 2 vol. in-8°.

1230. LE LONG (D.-N.). Histoire ecclésiastique et civile du diocèse de Laon et de tout le pays contenu entre l'Oise et la Meuse, l'Aisne et la Sambre. — *Châlons*, 1783, in-4°.

117. LELONG (Jacques). Bibliothèque historique de la France, contenant le catalogue des ouvrages imprimés et manuscrits qui traitent de l'histoire de ce royaume, ou qui y ont rapport, avec des notes critiques et historiques. Nouvelle édition, revue et corrigée par M. Fevret de Fontette. *Paris*, 1768, 5 vol. in-fol.

1065. LE MAISTRE (Gilles). Les œuvres de feu Messire Le Maîstre. seconde édition. — *Paris*, 1680, in-4°.

101¹. LE MAISTRE (Pierre). La coûtume de la prévosté et vicomté de Paris. — *Paris*, 1700, in-fol.

101². — Nouvelle édition ayant pour titre : Coutume de Paris, rédigée dans l'ordre naturel de la disposition de ses articles, etc. — *Paris*, 1741, in-fol.

2172. LEMERLE (L.-L.-F.). Traité des fins de non recevoir. — *Nantes*, 1819, in-8°.

LE MONNIER (L'Abbé). Voyez Levée.

2822. LENGLET DU FRESNOY (L'Abbé). Tablettes chronologiques de l'histoire universelle sacrée et profane, ecclésiastique et civile, depuis la création du monde jusqu'à l'an 1775. Nouvelle édition, revue, corrigée et augmentée, par J.-L. Barbeau de la Bruyère. — *Paris*, 1778, 2 vol. in-12.

2533. LE NOBLE (A.). Histoire du sacre et du couronnement des Rois et Reines de France. — *Paris*, 1825, in-8°.

2198. **LEPAGE**. Des émigrés et de leurs créanciers depuis la Restauration. — *Paris*, 1823, in-8°.

2382. **LEPAGE** (P.). Lois des bâtimens ou le nouveau Desgodets. — *Paris*, 1819, 2 tomes en 1 vol. in-8°.

2500. **[LE PAIGE]**. Lettres historiques sur les fonctions essentielles du Parlement, sur le droit des Pairs et sur les loix fondamentales du royaume. — *Amsterdam*, 1753-1754, 2 vol. in-12.

2893. **LE PELLETIER** (Em.). Code pratique des usages de Paris, ayant force obligatoire de loi dans les contestations les plus fréquentes entre les habitants de Paris. — *Paris*, 1890, in-12.

2905. **LEPELLETIER** (Fernand). Code civil portugais promulgué le 1er juillet 1867, mis en vigueur le 1er janvier 1868, traduit, annoté, avec une lettre-préface de M. Guillouard. — *Paris*, 1894, in-8°.

59. **LE PRESTRE** (Claude). Questions notables de droit, décidées par plusieurs arrests de la cour du Parlement, et divisées en quatre centuries, avec un traité des mariages clandestins, les arrestez de la cinquième chambre des enquestes et des autres chambres du Parlement de Paris. — *Paris*, 1679, in-fol.

1293. **[LE RIDANT]**. Examen de deux questions importantes sur le mariage : Comment la puissance civile peut-elle déclarer les mariages nuls ? Quelle est l'étendue du pouvoir des souverains sur les empêchements dirimans le mariage ? — S. l., 1753, in-4°.

2267. **LERMINIER** (E.). Philosophie du droit. — *Paris*, 1855, 2 vol. in-8°.

2825. **LERY** (Jean de). Histoire mémorable de la ville de Sancerre, contenant les entreprinses, siège, approches, bateries, assaux et autres efforts des assiégeants ; les résistances, faits magnanimes, etc., etc. — S. l., 1574, in-12.

2646. LESENNE (N.-M.). Commentaire théorique et pratique de la loi du 23 mars 1855, sur la transcription en matière hypothécaire. — *Paris*, 1856, in-8°. (2 exemplaires.)

2212. — Même ouvrage, même édition.

LESPARAT. Voyez Thévenot-Dessaules.

2596. LESTRADE (L.-F.). Nuits romaines au tombeau des Scipions, traduit de l'italien. — *Paris*, 1826, 2 vol. in-8°.

LETOURNEUR. Voyez Macpherson.

1354. LETTRES de confirmation. — S. l. (1548), 4 pages in-4°, 11ᵉ pièce du recueil.

1335. LETTRES de Henri VIII à Anne Boleyn, avec la traduction, précédées d'une notice historique sur Anne Boleyn. — *Paris*, s. d., in-4°.

2047. LETTRES patentes du Roy, contenans ample déclaration et confirmation de l'édict de création d'un Greffier des notifications pour tous contracts subjects à retraict lignager et autres. — *Paris*, 1583, 7 pages in-8°, tome Iᵉʳ, 19ᵉ pièce du recueil.

— Lettres patentes en forme d'édict, pour le rachapt et revente de tous greffes, civils et criminels et des présentations, en toutes les cours et juridictions de ce royaume, ensemble des places de clercs, tabellionnages, droicts de parisis, de petits seaux, doublemens d'iceux, des présentations et controlle des tiltres. — *Rouen*, 1617, 22 pages in-8°, tome Iᵉʳ, 39ᵉ pièce du recueil.

— Lettres patentes du Roy, en forme de commission, adressantes aux commissaires députez pour l'exécution de l'édict de l'an 1595, réglemens et arrests sur ce intervenus au conseil de Sa Majesté pour la réunion au domaine des greffes, places de clercs, etc., et vente d'iceux à faculté de rachapt perpétuel. — *Paris*, 1526, 8 pages in-8°, tome III, 5e pièce du recueil.

— Lettres patentes du Roy, en forme de commission du 23 janvier 1588, par laquelle est attribué jurisdiction à maistre Charles Faye, conseiller en la court de Parlement de Paris, pour faire jouyr paisiblement les Greffiers des notifications des émoluments à eux attribuez à cause de leurs dits estats, depuis la vérification dudit édict du 3 mars 1582, et de juger les différents, etc., etc. — *Paris*, 1588, 12 pages in-8°, tome Ier, 25e pièce du recueil.

2354. **LE VASSEUR**. De la réunion des qualités d'héritier et de légataire. — *Paris*, 1790, in-12.

2162. — Portion disponible ou traité de la portion des biens dont on peut, suivant le Code civil, disposer à titre gratuit. — *Paris*, An XIII-1805, in-8°.

2566. **LEVASSEUR** (B.-M.-F.). Le livre de Job, traduit en vers français avec le texte de la Vulgate en regard. — *Paris*, 1826, in-8°.

LE VAYER. Voyez Danty.

2901. **LEVÉ** (A.). Code civil espagnol promulgué le 24 juillet 1889. *Paris*, 1890, in-8°.

2801. **LEVÉE** (J.-B.) et **LE MONNIER** (L'Abbé). Théâtre complet des latins. — *Paris*, 1820-1823, 15 vol. in-8°.

1004. **LEVESQUE** (Guillaume). Chartres, lettres, titres et arrests de l'antiquité, chapelle, droicts, fonctions, pouvoirs, exemptions et privilèges des Notaires et gardenottes du Roy au Chastelet de Paris. — *Paris*, 1663, in-4°.

2135. LHERBETTE (A.-J.). Introduction à l'étude philosophique du droit précédée d'un discours sur les causes de la stagnation de la science du droit en France. — *Paris*, 1819, in-8°.

— Voyez Massé.

1083. L'HOMMEAU (Pierre de). Maximes générales du droict françois. — *Paris*, 1665, in-4°.

2490. L'HOSPITAL. OEuvres de Michel de L'Hospital. Voyez Dufey.

1253. LHOSTE (Antoine). Les coustumes anciennes de Lorris, des bailliage et prévosté de Montargis-le-Franc, de S. Fargeau, etc., avec les notes de Charles Du Moulin. — *Paris*, 1629, in-4°.

LICQUET (Th.). Voyez Dibdin (Fr. Th.).

2501. [LINGUET]. Lettres sur la théorie des loix civiles, etc., où l'on examine entre autres choses s'il est bien vrai que les Anglois soient libres, et que les François doivent, ou imiter leurs opérations, ou porter envie à leur gouvernement. — *Amsterdam*, 1770, in-8°, 1ʳᵉ pièce du recueil.

2459. — Théorie des loix civiles, ou principes fondamentaux de la Société. — *Londres*, 1767, 2 vol. in-12.

2858. LIOUVILLE (Félix). De la profession d'Avocat : I. Devoirs, honneurs, avantages, jouissances. II. Le stage. III. La plaidoirie. IV. Lois et règlements. Discours réunis et publiés par Liouville (Albert), 3ᵉ édition. — *Paris*, 1864, in-8°.

2039. LISTE générale et complète des notables communaux du département de la Seine, dans les trois arrondissemens de Paris, Franciade et Sceaux. Élections communales de l'An IX. — *Paris*, An IX, in-8°.

LITTLETON. Voyez Houard.

910. **LITTRÉ** (E.). Dictionnaire de la langue française et supplément. *Paris*, 1877, 5 vol. in-4°.

LOBINEAU (D. Guy-Alexis). Voyez Félibien (Michel).

1338. **LOCKE**. Essai philosophique concernant l'entendement humain, où l'on montre quelle est l'étendue de nos connoissances certaines, et la manière dont nous y parvenons. — *Amsterdam*, 1735, in-4°.

1131. — Traité du gouvernement civil, traduit de l'anglais. — *Paris*, An III, in-4°.

2208. **LOCRÉ** (Le baron J.-G.). Esprit du Code de commerce. — *Paris*, 1808-1813, 10 vol. in-8°.

2209. — Esprit du Code de procédure civile. — *Paris*, 1816, 5 vol. in-8°.

1152. — Esprit du Code Napoléon, tiré de la discussion du Conseil d'État, ou conférence historique, analytique et raisonnée du projet de Code civil, etc., etc. — *Paris*, 1805-1807, 5 vol. in-4°.

1367. **LOI** relative au timbre, donnée à Paris le 18 février 1791. — *Paris*, 1791, in-8°, 6e pièce du recueil.

1075. **LOIS ANNOTÉES** ou lois, décrets, ordonnances, avis du Conseil d'État, etc., avec notes historiques de concordance et de jurisprudence, par A.-A. Carette (1re série, 1789-1830; 2e série, 1831-1847; 3e série, 1848-1852). — *Paris*, 1843-1853 ?, 3 vol. in-4°.

4002. **LOIS ET ACTES DU GOUVERNEMENT**, août 1793 — 18 prairial An II. — *Paris*, 1806-1807, 8 vol. in-8°.

2252. **LOISEAU**. Traité des enfans naturels. — *Paris*, 1819, in-8°.

1051. **LOISEL**(Ant.). Divers opuscules tirez des mémoires de M. Ant. Loisel, auxquels sont joints quelques ouvrages de MM. Baptiste Du Mesnil et Pierre Pithou; le tout recueilly par Claude Joly. — *Paris*, 1652, in-4°.

2457[1]. — Institutes coutumières. — *Paris*, 1679, in-8°.

2457[2-3]. — Institutes coutumières de M. Loisel, avec des notes nouvelles, par M⁰ Eusèbe de Laurière. — *Paris*, 1710, 2 vol. in-12. (2 exemplaires.)

2341. **LOISEL** (Ant.) et **DUPIN**. Pasquier, ou dialogue des Advocats du Parlement de Paris, avec une introduction et des notes, la suite chronologique des plus notables Advocats depuis l'an 1600 jusqu'à nos jours ; et des notices biographiques sur Pasquier, Loisel et les frères Pithou. — *Paris*, 1844, in-12. Voyez Loysel.

2272. **LOLME** (De). Constitution de l'Angleterre ou état du Gouvernement anglais, comparé avec la forme républicaine et avec les autres monarchies de l'Europe. — *Paris*, 1819, in-8°.

2553. **LONGCHAMP** et **WAGNIÈRE**. Mémoires sur Voltaire et sur ses ouvrages. — *Paris*, 1826, 2 vol. in-8°.

1021. **LORET** (J.-B.). Élémens de la science notariale, ou recueil complet de toutes les formules d'actes notariés adaptés à la législation du Code civil et à celle du Code judiciaire, etc. — *Paris*, 1807, 3 vol. in-4°.

23. **LOUET** (Georges). Recueil de plusieurs arrests notables du Parlement de Paris, avec un grand nombre d'arrêts et de notables décisions recueillis par feu maître Julien Brodeau. Nouvelle et dernière édition. — *Paris*, 1712, 2 vol. in-fol.

— Voyez Molinæus (Carl.).

93. LOUIS (Mathurin). Remarques et notes sommaires sur la coutume du Maine, avec un recueil des jugemens et sentences rendus au siège présidial et sénéchaussée du Mans, et des arrêts de la cour intervenus sur l'interprétation d'aucuns articles. — *Au Mans,* 1658, in-fol.

2626. LOUIS XIV. Mémoires secrets sur les règnes de Louis XIV et de Louis XV. Voyez Duclos.

2521. LOUIS XV. Code Louis XV. Voyez Code.

2735. — Même ouvrage.

44. LOYSEAU (Charles). Les œuvres de maistre Charles Loyseau, contenant les cinq livres du droit des offices, les traitez des seigneuries, des ordres et simples dignitez, du déguerpissement et délaissement par hypothèque, de la garantie des rentes et des abus des justices de village. Nouvelle édition. — *Paris,* 1678, in-fol.

1056. [LOYSEAU DE MAULÉON]. Plaidoyers et mémoires. — *Paris,* 1762-1767, 2 vol. in-4°.

2338. LOYSEL (Ant.). Institutes coutumières d'Antoine Loysel, avec les notes d'Eusèbe de Laurière. Nouvelle édition, revue, corrigée et augmentée, par MM. Dupin et Laboulaye. — *Paris,* 1846, 2 vol. in-8°. Voyez Loisel.

2697. LYCURGUE. Discours de Lycurgue, d'Andocide, d'Isée, de Dinarque, etc., par l'Abbé Auger. — *Paris,* 1783, in-8°.

2883. LYON-CAEN (Ch.). Loi anglaise sur la faillite du 25 août 1883 (46 et 47 Victoria, chap. lii), traduite et annotée. — *Paris,* 1888, in-8°.

2886. LYON-CAEN (Ch.) et **DELALAIN** (P.). Lois françaises et étrangères sur la propriété littéraire et artistique, suivies des conventions internationales conclues par la France pour la protection des œuvres de littérature et d'art. — *Paris*, 1889, 2 vol. in-8°.

2563. LYSIAS. OEuvres complètes de Lysias, traduites en français par l'Abbé Auger. — *Paris*, 1783, in-8°.

M

113. MABILLON (Joh.). De re diplomatica libri VI, supplementum. — *Lutetiæ Parisiorum*, 1681-1704, 2 vol. in-fol.

2802. MABLY (L'Abbé de). Collection complète des œuvres de l'Abbé de Mably, et œuvres posthumes. — *Paris*, 1794-1795, 15 vol. in-8°.

2888. MACAREL (L.). Cours de droit administratif professé à la Faculté de Droit de Paris. — *Paris*, 1844, 2 vol. in-8°.

2192. — Éléments de jurisprudence administrative, extraits des décisions rendues par le Conseil d'État en matière contentieuse. — *Paris*, 1818, 2 vol. in-8°.

4012. — Voyez Recueil des arrêts du Conseil d'État.

2473. MACHIAVEL. OEuvres de Machiavel. Voyez Guiraudet.

2536. L'Anti-Machiavel, ou examen du prince de Machiavel, avec des notes historiques et politiques. — *La Haye*, 1741, in-8°.

2693. MACPHERSON. Ossian, fils de Fingal, Barde du iiie siècle, poésies galliques traduites sur l'anglais de Macpherson, par Letourneur. Nouvelle édition augmentée par Ginguené. — *Paris*, 1810, 2 vol. in-8°,

2657. **MADRE** (Le comte Ad. de). Des ouvriers et des moyens d'améliorer leur condition dans les villes. — *Paris*, 1863, in-12.

1328. **MADRE** (M. de). Formulaire pour contrats de mariage. — *Paris*, 1873, in-4°.

2157. **MAGNIN** (A.). Traité des minorités, tutelles et curatelles, de la puissance paternelle, des émancipations, conseils de famille, etc., etc. — *Paris*, 1833, 2 vol. in-8°.

2469. **MAHOMET**. Zoroastre, Confucius et Mahomet comparés. Voyez Pastoret.

2625[1]. — Le Coran traduit de l'arabe, accompagné de notes, précédé d'un abrégé de la vie de Mahomet. Voyez Savary.

2155. **MAILHER DE CHASSAT** (A.). Traité de l'interprétation des lois. — *Paris*, 1822, in-8°.

82. **MAILLART** (Adrien). Coutumes générales d'Artois. 2ᵉ édition. — *Paris*, 1739, 2 tomes en 1 vol. in-fol.

2772. **MALEVILLE** (Jacques de). Analyse raisonnée de la discussion du Code civil au Conseil d'État. — *Paris*, 1807, 4 vol. in-8°.

2445. **MALHERBE**. Lettres de Malherbe. — *Paris*, 1822, in-8°.

2446. — Poésies de Malherbe. — *Paris*, 1822, in-8°.

MALLET (P.-H.). Voyez Muller (Jean).

2512. **MANGIN**. Traité de l'action publique et de l'action civile en matière criminelle. — *Paris*, 1837, 2 vol. in-8°.

2397. **MANNORY**. Plaidoyers et mémoires. — *Paris*, 1759-1766, 18 vol. in-12.

MANSUET (Le père). Voyez Jeune.

915. **MANUEL** des agents de change, banque, finance et commerce, contenant les lois, réglements et actes officiels qui régissent et intéressent l'exercice de leurs fonctions. — *Paris*, 1893, in-4°.

2360. **MARAIS** (Jean). Traitez sur le droit d'indemnité des seigneurs, et le temps de sa prescription et sur la légitime des pères et mères .... en païs coutumier. — *Paris*, 1696, in-12.

2093. **MARCADÉ** (V.) et **PONT** (P.). Cours élémentaire de droit civil français ou explication théorique et pratique du Code civil, par Marcadé (V.), art. 1 - 1528, 4° édition. — *Paris*, 1850, 5 vol. in-8°.

— Commentaire-traité théorique et pratique des privilèges et hypothèques mis en rapport avec la loi sur la transcription, par Pont (P.), art. 2092 - 2218. — *Paris*, 1856, in-8°.

2232. **MARCEL** (Pierre-Léopold). Du régime dotal et de la nécessité d'une réforme dans cette partie de notre législation. — *Paris*, 1842, in-8°.

135. **MARCHAND** (Prosper). Dictionnaire historique ou mémoires critiques et littéraires, concernant la vie et les ouvrages de divers personnages distingués, particulièrement dans la République des Lettres. — *La Hage*, 1758-1759, 2 tomes en 1 vol. in-fol.

2183. **MARCHANGY** (de). La Gaule poétique. — *Paris*, 1824-1825, 5 vol. in-8°.

2018. **MARCHIN** (L.). Code du Notariat expliqué par la jurisprudence, les avis du Conseil d'État, décisions ministérielles, etc. — *Liège*, 1821, in 8°.

2517. **MARÉCHAL**. Traité des droits honorifiques des patrons et des seigneurs dans les Églises. Nouvelle édition, corrigée et augmentée par J.-A. Serieux. — *Paris*, 1740, 2 vol. in-12.

— Même ouvrage. — *Paris*, 1762, 2 vol. in-12.

— Même ouvrage. — *Paris*, 1772, 2 vol. in-12.

2484. **MARIAGE**. Essai de dissertation, ou recherches sur le mariage en sa qualité de contrat et de sacrement. — *Paris*, 1760, in-8°, 1re pièce du recueil.

2365. — Principes sur la distinction du contrat et du sacrement de mariage, sur le pouvoir d'opposer des empêchemens dirimans et sur le droit d'accorder des dispenses matrimoniales. — *Paris*, 1816, in-8°.

2411. — Véritable nature du mariage, droit exclusif des princes d'y opposer des empêchemens dirimans. — *Paris*, 1788, 2 vol. in-12.

2625². **MARIE-ANTOINETTE**. Mémoires sur la vie privée de Marie-Antoinette. Voyez Campan (Mad.).

8. **MARRIED WOMEN'S PROPERTY**. (Loi relative aux biens des femmes mariées, Angleterre et Irlande.) [Recueil factice contenant 4 fasc. sur la loi relative aux biens des femmes mariées et les amendements à cette loi de 1870 et de 1873.]

2792. **MARTIAL D'AUVERGNE**, dit de Paris. Les arrêts d'amours avec l'amant rendu cordelier à l'observance d'amours, accompagnez de commentaires juridiques et joyeux de Benoît de Court. — *Paris*, 1731, 2 vol. in-12.

2857. **MARTIN** (Du Nord). Documents relatifs au régime hypothécaire et aux réformes qui ont été proposées. — *Paris*, 1844, 3 vol. in-8°. (2 exemplaires.)

2587. **MARTIN** (Louis-Aimé). Lettres à Sophie sur la physique, la chimie et l'histoire naturelle avec des notes, par M. Patrin. — *Paris*, 1811, 2 vol. in-8°.

MASCOVIUS (Gott.). Voyez GRAVINA (J.-V.).

2642. **MASCRÉ** (Eug.). Mémoire sur la propriété des offices des Notaires. — *Paris*, 1848, in-8°.

2831. **MASENIUS**. Sarcotis et Caroli V, imp. panegyris carmina. — *Londini et venit Parisiis*, 1771, in-12.

1048. **MASSÉ** (A.-J.). Le nouveau parfait Notaire, ou la science des Notaires de feu C.-J. de Ferrière. — *Paris*, 1805-1806, 2 vol. in-4°.

1049. — Le parfait Notaire ou la science des Notaires. — *Paris*, 1821, 3 vol. in-4°.

— Voyez DUMONT DE SAINTE-CROIX.

2026. **MASSÉ** et **LHERBETTE**. Jurisprudence et style du Notaire contenant : 1° la jurisprudence des arrêts; 2° les dispositions législatives et réglementaires; 3° le style ou formulaire à l'usage des Notaires. — *Paris*. 1823-1826, 8 vol. in-8°.

MASSELIN (J.-G.). Voyez HELLIEZ.

1375. **MASSELIN** (O.). Nouvelle jurisprudence et traité pratique sur les murs mitoyens, en harmonie avec les décisions toutes récentes des cours et tribunaux. — *Paris*, 1875, gr. in-8°.

2650. **MASSOL**. De la naturalisation de la femme séparée de corps. — *Paris*, 1877, in-8°.

2066. **MATHIEU**. Un mot sur la résolution du 6 vendémiaire An VIII, relative au Notariat. — *Paris*, An VIII, in-8°, 13ᵉ pièce du recueil.

2328. **MATHIEU** (A.) et **BOURGUIGNAT** (A.). Commentaire de la loi sur les sociétés des 24-29 juillet 1867, d'après les documents officiels et les discussions parlementaires. — *Paris*, 1868, in-8°.

2622. — Même ouvrage, même édition.

2758. **MAUCORPS** (Maxime). Annuaire de la propriété foncière de Paris et du département de la Seine pendant l'année 1868. 3ᵉ année. — *Paris*, 1869, in-8°.

2488. [**MAULTROT**]. Examen des principes du pastoral de Paris sur le Ministre du Sacrement de Pénitence et son pouvoir. — S. l. n. d., in-8°, 1ʳᵉ pièce du recueil.

— Examen des principes du pastoral de Paris sur les censures et les cas réservés. — S. l. n. d., in-8°, 2ᵉ pièce du recueil.

— Examen des principes du pastoral de Paris, sur le sacrement de mariage. — S. l. n. d., in-8°, 3ᵉ pièce du recueil.

2494. — L'institution divine des curés et leur droit au gouvernement général de l'Église. — *En France*, 1728, 2 vol. in-12.

2487. — Nouvel examen des principes du pastoral de Paris sur le sacrement de mariage. — [*Paris*, 1788-89], in-12.

2404. **MAURICE** (F.-G.). Traité des engrais, suivi de la traduction du mémoire de Kirwan sur les engrais. — *Genève*, 1806, in-8°.

2700. **MAURY** (J.-M.). Espagne poétique, choix de poésies castillanes depuis Charles-Quint jusqu'à nos jours, mises en vers français. — *Paris*, 1826-1827, 2 vol. in-8°.

2497. [**MAUVILLON**]. Le droit public germanique. — *Amsterdam* et *Leipzig*, 1756. 2 vol. in-8°.

1194. **MAXIMES** du droit public françois, tirées des capitulaires, des ordonnances du royaume et des autres monumens de l'histoire de France. Seconde édition. — *Amsterdam*, 1775, 2 tomes en 1 vol. in-4°.

2417. [**MAZZEI**]. Recherches historiques et politiques sur les États-Unis de l'Amérique septentrionale. — *Colle*, 1788, 4 vol. in-8°.

2255. MEAUME (E.). Commentaire du Code forestier et de l'ordonnance rendue pour son exécution, ou Manuel de droit forestier. — *Paris* et *Nancy*, 1844-1846, 3 vol. in-8°.

2256. — Des droits d'usage dans les forêts, de l'administration des bois communaux et de l'affouage. — *Paris*, 1847, 2 vol. in-8°.

66. [**MÉLANGES**]. Pièces diverses du xviie et du xviiie siècle intéressant les maisons de Condé et de Conti, Mlle de Guise. Recueil factice contenant 42 pièces en 1 vol. in-fol.

1086. MÉMOIRE à consulter et consultation sur le franc-alleu du royaume de Navarre. — *Paris*, 1784, in-4°.

1353. MÉMOIRE des Avoués du tribunal de première instance de Paris en réponse à celui des Notaires de Paris, sur les juridictions volontaires et contentieuses. — S. l. n. d., in-4°, 11e pièce du recueil.

1350. MÉMOIRE des Notaires de Paris, sur les juridictions volontaire et contentieuse, et sur la nécessité de conserver à chacune les objets de son attribution. — *Paris*, 1806, in-4°, 1re pièce du recueil.

1353. MÉMOIRE des Notaires de Paris, sur les juridictions volontaire et contentieuse, et sur la nécessité de conserver à chacune les objets de son attribution. — *Paris*, 1806, in-4°, 7e pièce du recueil.

1006. MÉMOIRE historique et critique à consulter, et consultation pour Me Dulion de Boissy, Avocat au Parlement, Conseiller du Roi, Notaire au Châtelet de Paris, acquéreur des office et pratique de Me Bessonet, sur les questions de l'irrévocabilité des officiers, de l'hérédité des offices et les divers attentats commis au préjudice de ces loix, contre Me Dulion personnellement et contre tout le corps des officiers du royaume. — S. l. n. d., in-4°.

2023. **MÉMOIRE** présenté à Son Excellence M. le Chancelier de France par les Notaires de première classe à la résidence de Grenoble. — *Grenoble*, 1816, in-8°, 12ᵉ pièce du recueil.

1351. **MÉMOIRE** sur la bourse commune des Commissaires-priseurs de Paris. — *Paris*, s. d., 10ᵉ et dernière pièce du recueil.

2410. **MÉMOIRES** des Commissaires du Roi et de ceux de Sa Majesté britannique, sur les possessions et les droits respectifs des deux couronnes en Amérique. — *Paris*, 1756-1757, 8 vol. in-12.

1192. **MÉMOIRES** pour servir à l'histoire du droit public de la France en matière d'impôts, ou recueil de ce qui s'est passé de plus intéressant à la cour des Aides, depuis 1756 jusqu'au mois de juin 1775. — *Bruxelles*, 1779, in-4°.

128. **MÉNAGE**. Dictionnaire étymologique de la langue françoise. — *Paris*, 1750, 2 vol. in-fol.

136. **MÉNESTRIER** (Claude-François). Histoire civile ou consulaire de la ville de Lyon. — *Lyon*, 1696, in-fol.

1205. **[MERCIER]**. Remarques du droit françois sur les Instituts de l'empereur Justinien. — *Paris*, 1672, in-4°.

2437. **MERCIER** (H.). Beati Sulpicii Severi, Bituricensis episcopi, opera omnia. — *Lutetiæ Parisiorum*, 1693, in-12.

1299. **MERCIER DE LA RIVIÈRE**. L'ordre naturel et essentiel des sociétés politiques. — *Londres* et *Paris*, 1767, in-4°.

1372. **MERKLEN** (Stanislas). De la restitution des mineurs de 25 ans (Droit romain). — Des actions en nullité pour vice de formes et en rescision pour lésion des actes intéressant les mineurs (Droit français). — *Paris*, 1875, grand in-8°.

1035. **MERLIN**. Recueil alphabétique des questions de droit. — *Paris*, 1810-1820, 6 vol. in-4°.

1036. — Répertoire universel et raisonné de jurisprudence. — *Paris,*
1807-1825, 17 tomes en 18 vol. in-4º.

95. **MERVILLE** (Pierre de). Décisions sur chaque article de la coutume
de Normandie, et observations sur les usages locaux de la même
coutume, et sur les articles placitez ou arrêtez du Parlement de
Rouen, avec une explication des termes difficiles et inusitez qui se
trouvent dans le texte de cette coutume, et aussi les anciens réglemens de l'échiquier de Normandie. — *Paris,* 1731, in-fol.

1247. — Nouveau commentaire sur la coutume de Chartres. — *Paris,*
1714, in-4º (2 exemplaires).

1096. [**MESLÉ**]. De la manière de poursuivre les crimes dans les différents tribunaux du royaume, avec les loix criminelles depuis 1256
jusqu'à présent. — *Paris,* 1739, 2 tomes en 1 vol. in-4º.

2427. — Traité des minoritez, des tutelles et des curatelles, et des
droits des enfans mineurs et majeurs. — *Paris,* 1714, in-12.

1112. **MESLÉ** (Jean). Traité des minorités, tutelles et curatelles, des
gardes, des gardiens, etc., etc. — *Paris,* 1752, in-4º.

2645. **MÉTENIER** (Hugues). Guide pratique du clerc de Notaire. —
Nevers, 1856-1857, in-8º.

2790. **MEURSIUS** (J.). Elegantiæ latini sermonis seu Aloisia siegea
Toletana. — *Lugd. Batavorum,* 1757, 2 vol. in-12.

2263. **MEYER** (J.-D.). Esprit, origine et progrès des institutions judiciaires des principaux pays de l'Europe. *Paris,* 1823, 5 vol. in-8º.

2765. **MEZERAY** (de). Abrégé chronologique de l'histoire de France. —
Amsterdam, 1673-1674, 6 vol. in-12.

2833. — Histoire de France avant Clovis. L'origine des françois et
leur établissement dans les Gaules. — *Amsterdam,* 1715, in-12.

2182. MICHAUD. Histoire des croisades. — *Paris*, 1812-1822, 7 vol. in-8°.

2449. — Le printemps d'un proscrit, poëme en quatre chants suivi de l'enlèvement de Proserpine et de mélanges en prose. — *Paris*, 1827, in-8°.

2761. MICHAUD et **POUJOULAT.** Nouvelle collection des mémoires pour servir à l'histoire de France depuis le xiiie jusqu'à la fin du xviiie siècle. — *Paris*, 1836-1839, 33 vol. grand in-8°.

2635. MICHAUX (Alex.). Dictionnaire pratique de tous les droits d'enregistrement, de timbre, d'hypothèque et de greffe. — *Paris*, 1872, in-8°.

1363. — Formulaire portatif du Notariat, contenant toutes les formules usitées classées dans l'ordre alphabétique des matières, suivies d'une indication succincte des droits d'enregistrement. — *Paris*, 1877, in-4°.

2537. — Traité pratique des donations entre vifs, entre époux, des partages d'ascendants et des actes qui en dérivent. — *Paris*, 1866, in-8°.

2133. — Traité pratique des liquidations et partages de communauté, de succession et de société, avec un choix de formules entièrement nouvelles. — *Paris*, 1860, in-8°.

2542. — Même ouvrage, même édition.

2538. — Traité pratique des testaments notariés, olographes, mystiques et autres. — *Paris*, 1865, in-8°.

1321. MICHAUX (A.) et **V.-C...** Le Code formulaire portatif du Notariat, ou texte complet du Code Napoléon annoté (article par article) de toutes les formules des actes notariés résultant de son application, etc., etc. — *Paris*, 1864, in-4° (2 exemplaires).

1340. **MICHEL.** Mémoire pour le sieur Michel jeune plaignant, contre les sieurs Reynier et Boissière et encore contre le sieur Guillé, prévenus tous trois de faux en écriture. — *Paris*, 1813-1817, 11 pièces en un vol. in-4°.

2428. **MICHEL DU PERRAY.** Observations sur le concordat fait entre Léon X et François Ier. — *Paris*, 1740, in-12.

2316. **MICHOT** (J.). Code annoté des sociétés commerciales anonymes. — *Paris*, 1884, in-8°.

2603. **MIGNET** (F.-A.). Histoire de la Révolution française depuis 1789, jusqu'en 1814. — *Paris*, 1826, 2 vol. in-8°.

2356. **MIGNOT** (Vincent). Traité de la représentation et du privilège du double lien, suivant l'ordre de succéder dans la coutume de Poitou et les coutumes circonvoisines. — *Paris*, 1777, in-12.

2607. **MILLIÉ** (J.-B.-J.). Les Lusiades ou les Portugais, poëme de Camoens en dix chants. — *Paris*, 1825, 2 vol. in-8°.

2575. **MIOT** (A.-F.). Histoire d'Hérodote suivie de la vie d'Homère, nouvelle traduction. — *Paris*, 1822, 3 vol. in-8°.

2655. **MOLIÈRE.** Histoire de la vie et des ouvrages de Molière. Voyez TASCHEREAU (J.).

2811. **MOLIÈRE.** OEuvres de Molière, avec un commentaire, un discours préliminaire et une vie de Molière, par Auger. — *Paris*, 1819-1825, 9 vol. in-8°.

2636. **MOLIÈRE.** Recherches sur Molière et sur sa famille. Voyez SOULIÉ (Eud.).

49. **MOLINÆUS** (Car.). Commentarii in consuetudines Parisienses. — *Parisiis*, 1576, in-fol.

1059. — G. Louëtius notæ ad commentaria..... in regulas. — *Lutetiæ Parisiorum*, 1656, in-4°.

75. — Omnia quæ extant opera. Editio novissima. — *Parisiis*, 1681, 5 vol. in-fol.

2213. **MOLINEAU** (B.). Des contraventions notariales sur la loi organique du 25 ventôse An XI, la vente des immeubles appartenant à des mineurs, les formalités des testaments par acte public, etc. — *Bruxelles*, 1853, in-8°.

2065. — Même ouvrage, même édition.

2643. — Législation comparée. Des ventes forcées d'immeubles en Belgique et en France, renvois de ces ventes devant Notaires, imperfection de la loi française. Statistiques. — *Bruxelles-Paris*, in-8° (2 exempl.).

2541. — Manuel des déclarations de succession et des droits de mutation par décès. — *Paris*, 1863, in-8°.

— Même ouvrage, 3ᵉ édition. — *Paris*, 1874, in-8°.

2620. — Même ouvrage, même édition.

2064. — Purge hypothécaire. Commentaire : 1° du chapitre VIII de la loi du 16 décembre 1851 (du mode de purger les propriétés des privilèges et hypothèques) ; 2° du titre II de la loi du 15 août 1854 sur l'expropriation forcée (de la surenchère sur l'aliénation volontaire); 3° et du titre III de ladite loi sur l'expropriation (de la procédure d'ordre). — *Bruxelles*, 1856, in-8°.

— 2ᵉ édition. — *Bruxelles*, 1857, in-8°.

2242. **MOLINEAU** (J.-G.) Code des bureaux de bienfaisance, fabrique des églises, hospices, hôpitaux. — *Châteauroux*, 1855, in-8°.

2277. — Même ouvrage, même édition.

2798. **MOLLEVAUT** (C.-L.). Élégies de Tibulle. — Élégies de Properce. — Élégies de C.-L. Mollevaut. — *Paris*, 1821, 3 vol. in-8°.

2796. — Les amours d'Ovide, traduction de Mollevaut. — *Paris*, 1822, in-12.

2751. — Poésies de Catulle, traduction de Mollevaut. — *Paris*, 1821, in-12.

2249. **MOLLOT.** Bourses de commerce, agens de change et courtiers. — *Paris*, 1831, in-8° (2 exemplaires).

2069. — Des liquidations judiciaires et spécialement de celles qui intéressent les mineurs et autres incapables, en matière de succession et de communauté de biens entre époux. — *Paris*, 1858, in-8°.

2370. **MOLY** (A.-G. de). Traité des absents, suivant les règles consacrées par le Code civil. — *Paris* et *Toulouse*, 1822, in-8°.

1127. **MONGALVY** et **GERMAIN.** Analyse raisonnée du Code de commerce. — *Paris*, 1824, 2 vol. in-4°.

4015. **MONITEUR DES ASSURANCES**, fondé par E. Reboul, continué de 1873 à 1887 par A. Thomereau. — *Paris*, 1868-1893, 25 vol. in-8°.

900. **MONITEUR UNIVERSEL** (Le), précédé d'une introduction historique remontant au 5 mai 1789, contenant un abrégé des anciens États-Généraux, des assemblées des Notables et des principaux événemens qui ont amené la Révolution.

— Le Moniteur Universel. — (*Tours*), 21 septembre 1870-15 mars 1871.

— Supplément au Moniteur. — 28 mars 1871 - 5 août 1872. — *Paris*, 1789-1893, 220 vol. in-fol.

— Table alphabétique du Moniteur, 1787-An VIII (1799), 4 tomes en 3 volumes.

— Analyse complète et impartiale du Moniteur, suivie d'une table alphabétique des personnes et des choses, 1789-1799, 3 vol. — Table 1787-1824, 10 vol.

2840. **MONMERQUÉ** (de). Mémoires de M. de Coulanges suivis de lettres inédites de madame de Sévigné, de son fils, de l'Abbé de Coulanges, d'Arnauld d'Andilly, d'Arnaud de Pomponne, de Jean de La Fontaine et d'autres personnages du même siècle. — *Paris*, 1820, in-8°.

2186. **MONTAIGNE**. Essais de Michel de Montaigne. — *Paris*, 1818, 5 vol. in-8°.

2424. **MONTESQUIEU**. Commentaire sur l'Esprit des lois de Montesquieu, suivi d'observations inédites de Condorcet sur le vingt-neuvième livre du même ouvrage. — *Paris*, 1819, in-8°.

2409. — De l'Esprit des lois. — *Paris*, 1820, 4 vol. in-8°.

2601. **MONTGAILLARD** (l'Abbé de). Histoire de France depuis la fin du règne de Louis XVI jusqu'à l'année 1825. — *Paris*, 1827, 9 vol. in-8°.

1157. **MONTHOLON** (Jacques de). Arrests de la cour prononcez en robbes rouges, depuis le Parlement commençant à la Sainct Martin 1580 jusques à Noël 1621, recueillis par Jacques de Montholon. — *Paris*, 1623, in-4°.

2398. [**MONTLUEL**]. Instructions faciles sur les conventions. — *Lyon*, 1760, in-12.

2383. **MONTROL** (F. de). Histoire de l'émigration (1789-1825). — *Paris*, 1825, in-8°.

2507. **MOREAU-CHRISTOPHE**. Code des prisons, ou recueil complet des lois, ordonnances, arrêtés, règlements, etc., concernant le régime intérieur, économique et disciplinaire des maisons d'arrêt, etc. (1670 à 1845). — *Paris*, 1845, in-8° *(ouvrage incomplet)*.

1316. **MOREAU DE BEAUMONT**. Mémoires concernant les impositions et droits. Nouvelle édition par Poullin de Viéville. — *Paris*, 1787, 3 vol. in-4°.

2315. MOREAU DE MOTALIN. Analyse des Pandectes de Pothier en français, par Moreau de Motalin. — *Paris*, 1824, 2 vol. in-8°.

1193. MOREAU DE SAINT-MÉRY. Loix et Constitutions des colonies françoises de l'Amérique sous le vent, comprenant les loix et constitutions depuis 1550 jusqu'en 1779. — *Paris*, s. d., 5 vol. in-4°.

2583. MOREL (J.-M.). Théorie des jardins, ou l'art des jardins de la nature. — *Paris*, 1806, 2 vol. in-8°.

133. MORÉRI (Louis). Le grand dictionnaire historique, ou le mélange curieux de l'histoire sacrée et profane. Nouvelle édition, dans laquelle on a refondu les suppléments de M. l'Abbé Goujet, le tout revu, corrigé et augmenté par M. Drouet. — *Paris*, 1759, 10 vol. in-fol.

2121. MORIN (Achille). De la discipline des cours et tribunaux, du barreau et des corporations d'officiers publics, 2e édition. — *Paris*, 1847, 2 vol. in-8°.

2793. [MORIZOT]. Le sacre royal, ou les droits de la nation françoise reconnus et confirmés par cette cérémonie. — *Amsterdam*, 1776, 2 vol. in-12.

53. MORNACIUS (Anton.). Observationes in viginti quatuor priores libros Digestorum ad usum Fori Gallici. — *Lutetiæ Parisiorum*, 1721, 4 vol. in-fol.

MOULIN. Voyez Du Moulin.

2164. MOURLON (Fr.) et **JEANNEST SAINT-HILAIRE.** Formulaire général à l'usage des Notaires, Juges de paix....., contenant en outre des modèles pour les actes sous-seing privé les plus usuels, etc. — *Paris*, 1862, in-8°.

MOURLON. Voyez Ollivier E. et Mourlon.

2838. **MULLER** (Jean). Histoire des Suisses, par Jean Muller, continuée par P.-H. Mallet. — *Lausanne*, 1794-1801, 11 vol. in-8°.

38. **MUYART DE VOUGLANS**. Les loix criminelles de la France dans leur ordre naturel. — *Paris*, 1780, in-fol.

N

2835. **[NAULT]**. Histoire de l'ancienne Bibracte, apprésent appellée Autun. — *Autun*, 1688, in-12.

1314. **NECKER**. Compte rendu au Roi. — *Paris*, 1781, in-4°.

2474. — De l'administration des finances de la France. — S. l., 1794, 3 vol. in-8°.

1239. **NÉE DE LA ROCHELLE** (J.-B.). Commentaire sur la coutume du bailliage et comté d'Auxerre. — *Paris*, 1749, in-4°.

2742. **[NÉEL** et **LOTTIN.]** Voyage de Paris à Saint-Cloud par mer et retour de Saint-Cloud à Paris par terre. Nouvelle édition. — *Paris*, 1787, in-16.

55. **NÉRON** (Pierre) et **GIRARD** (Étienne). Recueil d'édits et d'ordonnances royaux sur le fait de la justice et autres matières les plus importantes. — *Paris*, 1720, 2 vol. in-fol.

2222. **NICOLAS** (Amédée). Manuel du partage des successions. — *Paris* et *Marseille*, 1855, in-8°.

NODIER (Ch.). Voyez LA CURNE DE SAINTE-PALAYE.

1173. **NOEL**. Mémorial alphabétique des matières des eaux et forêts, pesches et chasses, avec les édits, ordonnances, etc., etc. — *Paris*, 1737, in-4°.

122. **NOEL** (Fr.). Dictionnaire latin-français. — *Paris*, 1808, in-4°.

2690. **NOEL** (Fr.) et **CARPENTIER**. Nouveau dictionnaire des origines, inventions et découvertes dans les arts, la science, la géographie, le commerce, l'agriculture, etc. — *Paris*, 1825-1827, 2 vol. in-8°.

NORVINS (de). Voyez AIGNAN.

1001. **NOTAIRES.** Chartres, lettres et tiltres des pouvoirs et facultez attribuez par les Roys aux Notaires, Gardenottes au Chastelet de Paris, arrests de Nosseigneurs de la cour de Parlement et sentences de Monsieur le Prévost de Paris, pour la fonction de leurs offices. — *Paris*, 1619, in-4°.

2274. — Le cri des Notaires, Greffiers et Huissiers, sur l'établissement des Commissaires-priseurs créés par la loi du 28 avril 1816. — *Paris*, 1818, in-8°, 2e pièce du recueil.

1003. — Recueil de mémoires et jugemens concernant les Compagnies de Notaires, notamant (*sic*) celle de Paris. (Recueil composé par M. Vivien, successeur de M. Langloix, avec une table manuscrite des pièces contenues dans ce recueil). — *Paris*, 22 fascicules en 1 vol. in-4°.

905. **NOTAIRES** à Paris exerçant dans tout le ressort de la cour d'appel (départements de l'Aube, d'Eure-et-Loir, de la Marne, de Seine-et-Marne, de Seine-et-Oise et de l'Yonne), 1806-1889. — *Paris*, 6 vol. in-fol.

2223. **NOTARIADO** (Ley del). Ordenanzas del Colegio notarial de Madrid; reglamento del Monte-pio de Notarios de Madrid. — *Madrid*, 1863, in-8°.

2066. **NOTARIAT.** Considérations sur le Notariat. — *Paris*, s. d., in-8°, 15e pièce du recueil.

19. — Ley del Notariado y reglamento général para el cumplimiento
de la misma, edicion oficial. — *Madrid*, 1863, in-8°.

(Ce volume est réuni au carton contenant les statuts et règlements des Notaires.)

1318. **NOTICES** et extraits des manuscrits de la bibliothèque du Roi,
tome Ier. — *Paris*, 1787, in-4°.

2231. **NOUGUIER** (L.). Des lettres de change et des effets de commerce
en général. — *Paris*, 1839, 2 vol. in-8°.

2621. **NOUGUIER** (L.) et **ESPINAS** (P.). Des chèques. Commentaire
théorique et pratique de la loi du 23 mai 1865 concernant les chèques.
— *Paris*, 1865, in-8°.

2588. **NOUVEAU** cours complet d'agriculture théorique et pratique, ou
dictionnaire raisonné et universel d'agriculture. — *Paris*, 1821-1823,
16 vol. in-8°.

2010. **NOUVEAU** manuel des Notaires, ou traité théorique et pratique
du Notariat. — *Paris*, 1818, in-8°.

1114. **NOUVEAU** stile du Châtelet de Paris et de toutes les jurisdictions
ordinaires du royaume, tant en matière civile, criminelle, que de
police. — *Paris*, 1771, in-4°.

1320. **NOUVELLE** législation anglaise sur les associations commerciales
par actions. — *Paris*, 1862, in-4° (2 exemplaires).

O

2827. **OBSEQUENS** (Julius). Le livre des Prodiges, traduit en françois
avec le texte en regard et accompagné de remarques par Victor
Verger. — *Paris*, 1825, in-12.

1353. **OBSERVATIONS** des Avoués près le tribunal de première instance du département de la Seine, sur les nouvelles réclamations des Notaires de Paris. — S. l. n. d., in-4°, 10° pièce du recueil.

1350. **OBSERVATIONS** des Notaires de Paris sur le projet du Code de la procédure civile dans ses rapports avec le Notariat. — *Paris*, s. d., in-4°, 2° pièce du recueil.

1353. Même ouvrage, in-4°, 5° pièce du recueil.

1350. **OBSERVATIONS** des Notaires de Paris sur le projet du Code de la procédure civile, pour les ventes et partages. — *Paris*, 1806, 7 pièces in-4°.

(Recueillies par les soins du bibliothécaire, 1822.)

1351. **OBSERVATIONS** pour Mᶜ Lautour, Notaire à Argentan, défendeur en cassation, contre Mᵉ Chrétien, Commissaire-priseur vendeur. — *Argentan*, 1820, in-4°, 5° pièce du recueil.

2649. **OBSERVATIONS** présentées à l'Assemblée nationale sur le projet de loi relatif au régime hypothécaire par les délégués des Notaires des départements. Septembre 1850. — *Paris*, 1850, in-8°.

1351. **OBSERVATIONS** sur la compétence des Commissaires-priseurs; arrêt de cassation sur le même sujet, extrait du *Journal des Audiences de la Cour de cassation*, année 1822. — *Paris*, in-4°, 8° et 9° pièce du recueil.

2066. **OBSERVATIONS** sur la résolution du Conseil des Cinq-Cents relative à l'organisation du Notariat. — *Paris*, s. d., in-8°, 14° pièce du recueil.

OFFICIEL. Voyez Journal Officiel.

1010. **OFFICIERS** (Liste des) du Châtelet de Paris, imprimée à la diligence des Procureurs de Communauté et du Syndic, aux frais de la dite Communauté. — *Paris*, 1787, in-4°.

2220. **OFFICIERS** ministériels. Du droit des officiers ministériels de présenter leurs successeurs à l'agrément de Sa Majesté. — *Paris*, 1836, in-8°.

2243. **OKEY** (Ch.-H.). A concise digest of the law, usage and custom relating to the commercial and civil intercourse of the subjects of great Britain and France. — *Paris*, 1829, in-8°.

2279. — Droit d'aubaine de la Grande-Bretagne. — *Paris*, 1830, in-16.

1084. **OLIVE** (Simon d'). Les œuvres de Simon d'Olive, contenant les questions notables du droict, décidées par divers arrests de la Cour de Parlement de Toulouse, et les actions forenses. — *Lyon*, 1656, 2 tomes en 1 vol. in-4°.

OLIVETO (J.). Voyez Oudin (Fr.).

2225. **OLLIVIER** (E.) et **MOURLON** (F.). Commentaire de la loi portant modification des articles 692, 696, 717, 749 à 779 et 838 du Code de procédure civile, sur les saisies immobilières et sur les ordres. — *Paris*, 1859, in-8°.

2524. **OMER**. OEuvres d'Omer et de Denis Talon. Voyez Rives (D.-B.).

1278. **ORDONNANCE** de Louis XIV, d'août 1670, sur les matières criminelles. — S. l. n. d., in-4°, 1re pièce du recueil.

2084. **ORDONNANCE** de Louis XIV, donnée à Saint-Germain-en-Laye au mois d'avril 1667. — *Paris*, 1785, in-32.

2088. **ORDONNANCE** de Louis XIV pour la marine, donnée à Fontainebleau au mois d'août 1681. — *Paris*, 1786, in-32.

2087. **ORDONNANCE** de Louis XIV pour le commerce, donnée à Versailles en 1673, suivie de celles de 1669 et 1737 sur les évocations, les réglemens de juges, les committimus, etc., en matières civile et criminelle. — *Paris*, 1785, in-32.

2442. **ORDONNANCE** de Louis XIV pour les matières criminelles. — *Paris*, 1710, in-12.

2086. **ORDONNANCE** de Louis XIV pour les matières criminelles, donnée à Saint-Germain-en-Laye au mois d'août 1670, suivie de celle de Louis XV, donnée en 1737 sur le faux principal, incident et reconnoissance d'écriture. — *Paris*, 1786, in-32.

1088. **ORDONNANCE** de Louis XIV, Roy de France et de Navarre, donnée à Saint-Germain-en-Laye au mois d'avril 1667. — *Paris*, 1667, in-4°.

1069. **ORDONNANCE** de Louis XIV, Roy de France et de Navarre, donnée à Saint-Germain-en-Laye au mois d'août 1670, pour les matières criminelles. — *Paris*, 1670, in-4°.

2438. **ORDONNANCE** de Louis XIV sur le fait des eaux et forests. — *Paris*, 1714, in-12.

2085. **ORDONNANCE** de Louis XIV touchant les eaux et forêts, donnée à Saint-Germain-en-Laye au mois d'août 1669. — *Paris*, 1786, in-32.

2440. **ORDONNANCE** du Roy concernant les substitutions, du mois d'aoust 1747. — *Paris*, 1752, in-12.

1087. **ORDONNANCES** de Louis XIV, Roy de France et de Navarre : 1° donnée à Saint-Germain-en-Laye au mois d'avril 1667 ; 2° les édits et déclarations touchant la réformation de la justice du mois d'aoust 1669 ; 3° donnée à Saint-Germain-en-Laye au mois d'aoust 1670 pour les matières criminelles ; 4° données à Saint-Germain-en-Laye au mois de mars 1673. (Ces diverses ordonnances ont été recueillies en 1 vol.) — *Paris*, 1667-1673, 4 fasc. en 1 vol. in-4°.

2090. **ORDONNANCES** de Louis XV concernant les donations, les testamens et les substitutions. — *Paris*, 1786, in-32.

2439. **ORDONNANCES** de Louis XV concernant les donations, les insinuations, les testamens, etc. — *Paris*, 1740, in-12.

— Même ouvrage. — *Paris*, 1777, in-12.

2202. **ORDONNANCES** du président du tribunal de première instance du département de la Seine, suivies d'observations pratiques. — *Paris*, 1837, in-8°.

2441. **ORDONNANCES** et réglemens de Louis XV. Recueil des nouvelles ordonnances sur les affaires qui sont de nature à être portées au conseil. — *Paris*, 1740, in-12.

2248. **ORFILA.** Traité de médecine légale. 3e édition. — *Paris*, 1836, 5 vol. in-8°.

ORSIER (J.). Voyez Huc (Th.).

2571. **ORVILLE** (Pierre d'). Poésies de Pierre d'Orville. Voyez Vida (J.).

1327. **ORY** (Ferdinand). Tableaux synoptiques des droits de l'enregistrement et des impôts dont la perception est autorisée en France.— *Paris*, 1878, in-4° (2 exemplaires).

2693. **OSSIAN,** fils de Fingal, barde du iiie siècle, poésies galliques traduites sur l'anglais de Macpherson, par Letourneur. Nouvelle édition augmentée, etc., par Ginguené. — *Paris*, 1810, 2 vol. in-8°.

OTTO. Voyez Thesaurus.

2740. **OUDIN** (Fr.) et **OLIVETO** (J.). Poëmata didascalica. — *Parisiis*, 1813, 3 vol. in-16.

28. **OUDIN** (Henri). Comptabilité des Notaires. — *Paris*, 1860, in-fol.

OUDIN (L.). Voyez Hoechster (E.-G.), Sacré (A.).

2797. **OVIDE** (L') bouffon, ou les métamorphoses travesties en vers burlesques. Voyez Richer (L.).

2796. **OVIDE.** Les amours d'Ovide. Voyez Mollevaut (C.-L.).

P

2011. **PAGÈS** (A.). De la responsabilité des Notaires. — *Montpellier* et *Paris*, 1843, in-8°.

2647. **PAIGNON** (Eug.). Commentaire de la loi sur les sociétés en commandite par actions. — *Paris*, 1856, in-8°.

2554. **PAILLET DE WARCY** (L.). Histoire de la vie et des ouvrages de Voltaire. — *Paris*, 1824, 2 vol. in-8°.

2368. **PAILLIET** (J.-B.-J.). Des successions selon le droit ancien, le droit intermédiaire et le droit nouveau, ou traité de droit comparé sur la transmission des biens à titre héréditaire. — *Paris*, 1823, 3 vol. in-8°.

1206. — Manuel du droit français. 4ᵉ édition. — *Paris*, nov. 1819, in-4° (2 exemplaires).

2514. **PAINE** (Thomas). Droits de l'homme, en réponse à l'attaque de M. Burke sur la Révolution française. — *Paris*, 1793, 2 vol. in-8°.

1262. **PALLU** (Estienne). Coustume du duché et bailliage de Touraine, anciens ressorts et enclaves d'iceluy. — *Tours*, 1661, in-4°.

1132. **PANDECTES FRANÇAISES**. Nouveau répertoire de doctrine, de législation et de jurisprudence, rédigé sous la direction de M. Rivière, par Robert Frémont. Tomes I à XII, A. Beur. — Donations et testaments, 1, 2, 3. — *Paris*, 1886-1892, 15 vol. in-4°.

1133 — Pandectes chronologiques, ou collection nouvelle résumant la jurisprudence de 1799 à 1886, par M. Ruben de Couder. Tomes II, IV, V. — *Paris*, 3 vol. in-4°.

4012. **PANHARD**. Voyez Recueil des arrêts du Conseil d'État.

30. **PAPON** (Jean). Instrument du premier Notaire de Jean Papon. — *Lyon*, 1585, 3ᵉ éd., in-fol. (tome Iᵉʳ).

— Trias judiciel du second Notaire de Jean Papon. — *Lyon*, 1580, 2ᵉ éd., in-fol. (tome II).

— Secrets du troisième et dernier Notaire de Jean Papon. — *Lyon*, 1583, 2ᵉ éd., in-fol. (tome III).

1028. **PAPON** (Jehan). Recueil d'arrests notables des cours souveraines de France. — *Paris*, 1601, in-4°.

1045. **PARDESSUS** (J.-M.). Collection des lois maritimes antérieures au xviiiᵉ siècle. — *Paris*, 1828-1846, 6 vol. in-4°.

2308. — Cours de droit commercial. — *Paris*, 1825-1826, 5 vol. in-8°.

2293. — Traité des servitudes ou services fonciers. 5ᵉ édition. — *Paris*, 1820, in-8°.

904. **PARIS**. Journal officiel de la ville de Paris. Voyez Bulletin municipal.

115. **PARIS** à travers les âges. Aspects successifs des monuments et quartiers historiques de Paris depuis le xiiiᵉ siècle jusqu'à nos jours, fidèlement restitués d'après les documents authentiques par M. F. Hoffbauer, architecte. Texte par MM. Ed. Fournier, P. Lacroix, A. de Montaiglon, A. Bonnardot, Jules Cousin, Franklin, Valentin Dufour, etc. — *Paris*, 1875-1882, 14 fasc. in-fol.

2777. **PARSEVAL** (F.-A.). Philippe-Auguste, poème héroïque en douze chants. — *Paris*, 1826, 2 vol. in-12.

2744. **PASCAL**. Pensées de M. Pascal sur la religion et sur quelques autres sujets. — *Paris*, 1787, in-12.

33. PASQUIER (Estienne). Les œuvres d'Estienne Pasquier, contenant ses recherches de la France, son plaidoyé pour M. le duc de Lorraine, celuy de Mᵉ Versoris pour les jésuites contre l'Université de Paris, etc. — *Amsterdam*, 1723, 2 vol. in-fol.

67. — Les recherches de la France. — *Paris*, 1643, in-fol.

2482. PASTORET (de). Moyse, considéré comme législateur et comme moraliste. — *Paris*, 1788, in-8°.

2469. — Zoroastre, Confucius et Mahomet, comparés comme sectaires, législateurs et moralistes, avec le tableau de leurs dogmes, de leurs lois et de leur morale. — *Paris*, 1787, in-8°.

2284. PASTORET (Le marquis de). Histoire de la législation. — *Paris*, 1817-1824, 7 vol. in-8°.

2814. PATAGRUEL. Songes drolatiques de Pantagruel. Voyez Rabelais.

PATRIN. Voyez Martin (Louis-Aimé).

1058. PATRU. OEuvres diverses. 3ᵉ édition. — *Paris*, 1714, in-4°.

1118. — OEuvres diverses de M. Patru, contenant ses plaidoyers, harangues, lettres et vies de quelques-uns de ses amis. 4ᵉ édition.— *Paris*, 1732, 2 vol. in-4°.

2393. PATTAS. Le sacre et le couronnement de Louis XVI dans l'église de Reims, le 11 juin 1775. — *Paris*, 1775, in-8°.

PAULTRE (Émile). Voyez Durand (Émile).

2660. PAULY (Aug.). Anthologia poematum latinorum ævi recentioris. — *Tubingae*, 1818, in-8°.

2873. PÉAN DE SAINT-GILLES. La maison philanthropique de Paris. Histoire de cent dix ans (1780-1890). — *Paris*, 1892, in-8°.

1040. PÉCHART. Dictionnaire de l'administration départementale. — *Paris*, 1823, in-4°.

1196. PECQUET. Loix forestières de la France, commentaire historique et raisonné sur l'ordonnance de 1669, les réglemens antérieurs et ceux qui l'ont suivie, etc. — *Paris*, 1753, 2 vol. in-4°.

2590. PERRAULT (Ch.). OEuvres choisies de Ch. Perrault, avec les mémoires de l'auteur et des recherches sur les contes des fées, par Collin de Plancy. — *Paris*, 1826, in-8°.

98. PERREAUX (Ph.-Aug.). Coutume d'Orléans commentée par M. Delalande. Seconde édition, augmentée des mémoires de l'auteur et des notes de M. de Gyves. — *Orléans*, 1704-1705, 2 tomes en 1 vol. in-fol.

1181. [PERRECIOT]. De l'état civil des personnes et de la condition des terres dans les Gaules dès les temps celtiques, jusqu'à la rédaction des coutumes. — En *Suisse*, 1786, 2 vol. in-4°.

46. PERRIER (François). Arrests notables du Parlement de Dijon, recueillis par M. François Perrier, avec des observations sur chaque question par Guillaume Raviot. — *Dijon*, 1735, 2 vol. in-fol.

2295. PERRIN (J.-B.). Traité des nullités de droit en matière civile. — *Lons-le-Saulnier*, 1816, in-8°.

2890. PERRIQUET (Eug.). Traité théorique et pratique de la propriété et de la transmission des offices ministériels. — *Paris*, 1874, in-8°.

1175. PERROT. Dictionnaire de voirie. — *Paris*, 1782, in-4°.

2448. PERSAN (de). Recherches historiques sur la ville de Dôle, dans le département du Jura. — *Dôle*, 1812, in-8°.

1286. PERSE. Satires de Perse, traduites en français par Sélis, nouvelle édition revue et augmentée par Achaintre (N.-L.). — *Paris,* 1822, in-4°.

2116. PERSIL (J.-C.). Questions sur les privilèges et hypothèques, saisies immobilières et ordres. 2ᵉ édition. — *Paris,* 1820, 2 vol. in-8°.

2117. — Régime hypothécaire, ou commentaire sur le XVIIIᵉ titre du livre III du Code civil, relatif aux privilèges et hypothèques. 3ᵉ édition. — *Paris,* 1820, 2 vol. in-8°.

— 4ᵉ édition. — *Paris,* 1833, 2 vol. in-8°.

2060. PERTUIS (F.-B.). Mémorial des Notaires et des employés de l'enregistrement, ou traité des devoirs et obligations des Notaires. — *Blois,* 1818, in-8°.

31. PETREMAND (Jean). Recueil des ordonnances et édits de la Franche-Comté de Bourgogne. — *Dôle,* 1619, in-fol.

2685. PEUCHET. État des colonies et du commerce des Européens dans les deux Indes depuis 1783 jusqu'en 1821. — *Paris,* 1821, 2 vol. in-8°.

2891. PEYRONNY (de) et **DELAMARRE.** Commentaire théorique et pratique des lois d'expropriation pour cause d'utilité publique. — *Paris,* 1859, in-8°.

2745. PHARSALE DE LUCAIN (La), traduction de Marmontel, avec le texte en regard. Nouvelle édition, revue, augmentée de tous les passages omis et du supplément de Thomas May, etc., etc. — *Paris,* 1816, 2 vol. in-16.

2606. PHILOMNESTE (G.-P.). Amusements philologiques, ou variétés en tous genres. — *Dijon,* 1824, in-8°.

2403. PICTET (Ch.). Traité des assolemens, ou de l'art d'établir les rotations des récoltes. — *Genève,* 1801, in-8°.

1031. **PIGEAU.** La procédure civile des tribunaux de France. 2ᵉ édition, corrigée et augmentée. — *Paris*, 1811, 2 vol. in-4°.

1016. — La procédure civile du Châtelet de Paris et de toutes les jurisdictions ordinaires du royaume. — *Paris*, 1779, 2 vol. in-4°.

2430. [**PILLÉ** (l'Abbé)]. Dissertation sur l'indissolubilité absolue du lien conjugal. — *Paris*, 1788, 2 vol. in-12.

2493. **PILLICHODY.** Le droit naturel d'un père à son fils, avec des notions pour servir à l'étude du droit civil et à celle du droit des gens. — *Yverdon*, 1769, 2 vol. in-12.

PIMONT. Voyez Lange.

2717. **PINAULT.** Coutumes générales de la ville et duché de Cambray, pays et comté du Cambresis. — *Douay*, 1691, petit in-4°.

PITHOU (Pierre). Voyez Loisel (Ant.).

PLANCHE (J.). Voyez Geoffroy (J.).

2233. **PLASMAN** (L.-C. de). Des contre-lettres considérées dans leurs rapports avec les obligations en général, avec les lois fiscales encore en vigueur sur cette matière et avec les règles du contrat de mariage. — *Paris* et *Orléans*, 1822, in-8°.

2466. **PLATON.** Dialogues de Platon, par l'[Abbé Grou]. — *Amsterdam*, 1770, 2 vol. in-8°.

2826. — La république de Platon, ou dialogue sur la justice. — *Paris*, 1794, 2 vol. in-12.

2421. — Loix de Platon, traduites par l'Abbé Grou. — *Amsterdam*, 1769, 2 vol. in-8°.

2631. **PLUQUET.** Mémoires pour servir à l'histoire des égaremens de l'esprit humain par rapport à la religion chrétienne, ou dictionnaire des hérésies, des erreurs et des schismes.— *Besançon*, 1817, 2 vol. in-8°.

2567. PLUTARQUE. OEuvres de Plutarque, traduites du grec par Amyot. — *Paris*, 1818-1821, 25 vol. in-8°.

81. POCQUET DE LIVONNIÈRE (Claude). Coustumes du pays et duché d'Anjou, conférées avec les coustumes voisines et corrigées sur l'ancien original manuscrit, avec le commentaire de Mᵉ G. Dupineau, auquel il a joint les notes de Mᵉ Charles du Moulin. Nouvelle édition. — *Paris*, 1725, 2 vol. in-fol.

2361. Règles du droit françois. — *Paris*, 1744, in-12.

1104. Traité des fiefs. 3ᵉ édition. — *Paris*, 1741, in-4°.

— 5ᵉ édition. — *Paris*, 1771, in-4°.

2560. POÈTES françois (les), depuis le xIIᵉ siècle jusqu'à Malherbe, avec une note historique et littéraire sur chaque poète. — *Paris*, 1824, 6 vol. in-8°.

121. POIDS ET MESURES (Atlas des), dressé en exécution de l'ordonnance royale du 16 juin 1839. — *Paris*, 1839, in-fol.

2704. POINSINET DE SIVRY. Origine des premières sociétés, des peuples, des sciences, des arts et des idiomes anciens et modernes. — *Amsterdam* et *Paris*, 1769, in-8°.

1289. POIX DE FREMINVILLE (Edme de la). Traité général du gouvernement des biens et affaires des communautés d'habitans des villes, bourgs, villages et paroisses du royaume. — *Paris*, 1760, in-4°.

2705. [POLLUCHE]. Essais historiques sur Orléans, ou description topographique et critique de cette capitale et de ses environs. Édition augmentée par [Beauvais de Préau]. — *Orléans*, 1778, in-8°.

2602. PONGERVILLE (J.-B.-S. de). Lucrèce, de la nature des choses, traduit en vers français. — *Paris*, 1823, 2 vol. in-8°.

PONT (P.). Voyez Marcadé (V.) ; Rivière (H.-F.).

84. **PONTANUS** (Dion.) In consuetudines Blesenses commentarii. — *Paris*, 1677, 2 tomes en 1 vol. in-fol.

2315. **POTHIER**. Analyse des Pandectes de Pothier en français, par Moreau de Montalin. — *Paris*, 1824, 2 vol. in-8°.

2724. — Coutumes des duché, bailliage et prévôsté d'Orléans et ressorts d'iceux. — *Orléans*, 1760, 3 tomes en 2 vol. in-12.

2290. — OEuvres de Pothier, annotées et mises en corrélation avec le Code civil et la législation actuelle par M. Bugnet. — *Paris*, 1845-1848, 10 vol. in-8°. — Table de concordance entre les articles du Code civil et les passages de Pothier qui se rapprochent de chacun de ces articles, par Pinel-Grandchamp et Marie-Saint-Georges. Nouvelle édition publiée par Siffrein. — *Paris*, 1824, in-8°.

52. — Pandectæ Justinianeæ in novum ordinem digestæ cum legibus Codicis et Novellis, quæ jus Pandectarum confirmant, explicant, aut abrogant. Editio quarta. — *Parisiis*, 1818-1821, 3 vol. in-fol.

2314. — Pandectes de Justinien mises dans un nouvel ordre par Pothier, traduites par M. de Bréard-Neuville. — *Paris*, 1818-1823, 24 vol. in 8°.

2347. — Traité des obligations. — *Paris*, 1761, 2 vol. in-12.

2348. — Traité des retraits, pour servir d'appendice au traité du contrat de vente. — *Paris* et *Orléans*, 1762, in-12.

2351. — Traité du contrat de change. — *Paris* et *Orléans*, 1763, in-12.

2350. — Traité du contrat de constitution de rente. Traité du contrat de change. — *Paris* et *Orléans*, 1763, 2 tomes en 1 vol. in-12.

2349. — Traité du contrat de vente. — *Paris* et *Orléans*, 1762, 2 tomes en 1 vol. in-12.

— Même ouvrage, 2 vol. in-12.

1055. — Traités sur différentes matières de droit civil appliquées à l'usage du barreau, et jurisprudence françoise. Seconde édition, — *Paris* et *Orléans*, 1781-1809, 8 vol. in-4°.

— Voyez FENET (P.-A.).

2023. **POTRON.** Observations sur un arrêté de la chambre des Notaires royaux du département de la Seine, en date du 20 septembre 1821, présentées en l'assemblée générale des Notaires du ressort, tenue le 6 décembre même année. — *Paris*, 1821, in-8°, 13e pièce du recueil.

2665. **POUGENS** (Ch.). Archéologie française, ou vocabulaire des mots anciens tombés en désuétude et propres à être restitués au langage moderne. — *Paris*, 1821-1825, 2 vol. in-8°.

2289. **POUJOL.** Traité des donations entre-vifs et des testaments. — *Paris*, 1836, 2 vol. in-8°.

2288. — Traité des obligations. — *Colmar* et *Paris*, 1846-1847, 3 vol. in-8°.

2287. — Traité des successions. — *Colmar* et *Paris*, 1837, 2 vol. in-8°.

POUJOULAT. Voyez MICHAUD.

1244. **POULLAIN DUPARC** (A.-M.). Coutumes générales du païs et duché de Bretagne et usemens locaux de la mesme province, avec les notes de Pierre Hévin, les arrests recueillis par le mesme, l'Aitiologie de Bertrand d'Argentré, la traduction abrégée de son commentaire sur l'ancienne coutume de Bretagne, par H.-E. Poullain de Belaire, et les notes de Charles Du Moulin, revu et augmenté par A.-M. Poullain Duparc. — *Rennes*, 1745-1748, 3 vol. in-4° (2 exemplaires).

1085. — Journal des audiences et arrests du Parlement de Bretagne, rendus sur les questions les plus importantes, de 1735 à 1778, avec les actes de notoriété jusqu'en 1777. — *Rennes*, 1737-1778, 5 vol. in-4º.

2722. — La coutume et la jurisprudence coutumière de Bretagne dans leur ordre naturel. 3e édition. — *Rennes*, 1783, in-12.

2396. Principes du droit françois suivant les maximes de Bretagne. — *Rennes*, 1767-1771, 12 vol. in-12.

POULLIN DE VIÉVILLE. Voyez Moreau de Beaumont.

2670. **POUQUEVILLE** (F.-C.-H.-L.). Histoire de la régénération de la Grèce, comprenant le précis des événements depuis 1740 jusqu'en 1824. — *Paris*, 1825, 4 vol. in-8º.

2366. **POZZO** (Ferdinand dal). Observations sur le régime hypothécaire établi dans le royaume de Sardaigne par l'édit promulgué le 16 juillet 1822, avec le texte de l'édit. — *Paris*, 1823, in-8º.

2467. **PRADT** (de). Les quatre Concordats, suivis de considérations sur le gouvernement de l'Église en général, et sur l'Église de France en particulier, depuis 1515. — *Paris*, 1818-1820, 4 vol. in-8º.

1350. **PRÉCIS** des mémoires des Notaires et supplément, sur les ventes volontaires, sur les partages. — *Paris*, 1806, in-8º, 3e et 4e pièce du recueil.

1353. Même ouvrage, 9e pièce du recueil.

1297. **PREUDHOMME**. Traité des droits appartenant aux seigneurs sur les biens possédés en roture. — *Paris*, 1731, in-4º.

78. **PREUVES** des libertez de l'Église gallicane. — 3e édition. L'an 1731 sur l'imprimé. — *Paris*, 1651, 2 tomes en 1 vol. in-fol.

2066. **PREVOST**. Opinion de Prévost sur la résolution relative à l'organisation du Notariat. — *Paris*, An VII, in-8º, 9e pièce du recueil.

2723. [**PRÉVOST DE LA JANNÈS, JOUSSE et POTHIER**]. Coutumes des duché, bailliage et prévosté d'Orléans, avec les notes de Fornier et de Dumoulin, etc., etc. — *Paris*, 1740, 2 vol. in-12.

1374. PRIMOT (A). Traité pratique des radiations hypothécaires. — *Paris*, 1878, gr. in-8°.

1018. PROCÉDURE CIVILE. — Nouveau traité et style de la procédure civile dans les justices de paix, les tribunaux de première instance, de commerce et dans les cours d'appel, ou le Code judiciaire mis en pratique par des formules. — 4ᵉ édition. — *Paris*, 1808, in-4°.

1346. PROCÈS entre les Notaires au Châtelet de Paris et les Notaires au Châtelet d'Orléans. — *Paris*, 1787, in-4°.

1359. PROCÈS-VERBAL de l'Assemblée des Notables, tenue à Versailles en l'année 1788. — *Paris*, 1789, in-4°.

2711. PROCÈS-VERBAL de l'Assemblée Nationale, imprimé par son ordre. — *Paris*, 1789-1791, 75 vol. in-8°. (Manque tome LXXIII).

2707. PROCÈS-VERBAL des séances de la Chambre de l'ordre de la noblesse aux États-généraux, tenues à Versailles en 1789. (La bibliothèque ne possède que le tome II.) — *Paris*, 1792, in-8°.

1126. PROCÈS-VERBAUX du Conseil d'État, contenant la discussion du projet de Code civil. — *Paris*, An XII (1803, v. s.), 5 vol. in-4°.

1002. PROCEZ-VERBAL des conférences tenues par Messieurs les Commissaires du Roy et Messieurs les Députez du Parlement, pour l'examen des articles proposez pour la composition de l'ordonnance civile du mois d'avril 1667 et de l'ordonnance criminelle du mois d'aoust 1670. — *A l'Isle*, 1697, in-4°.

PROHET (Claude-Ignace). Voyez Du Moulin (Charles).

2798. PROPERCE. Élégies de Properce. Voyez Mollevaut.

2146. PROUDHON (J.-B.-V.). Cours de droit français. — *Dijon*, 1810, 2 vol. in-8°.

2142. — Traité des droits d'usage, servitudes réelles, du droit de superficie et de la jouissance des biens communaux et des établissements publics (2e édition). — *Dijon*, 1836, 3 vol. in-8°.

2143. — Traité des droits d'usufruit, d'usage personnel et d'habitation (2e édition). — *Dijon*, 1836, 5 vol. in-8°.

2145. — Traité du domaine de propriété, ou de la distinction des biens considérés principalement par rapport au domaine privé. — *Dijon*, 1839, 3 vol. in-8°.

2144. — Traité du domaine public, ou de la distinction des biens considérés principalement par rapport au domaine public. — *Dijon*, 1833-1834, 5 vol. in-8°.

2523. PUFENDORF. Devoirs de l'homme et du citoyen tels qu'ils lui sont prescrits par la loi naturelle. — *Paris*, 1820, in-8°, 2e pièce du recueil.

1169. PUFENDORF (baron de). Le droit de la nature et des gens, ou système général des principes les plus importans de la morale, de la jurisprudence et de la politique, traduit du latin par Jean Barbeyrac. — *Amsterdam*, 1712, 2 vol. in-4°.

Q

2558. QUINAULT. OEuvres choisies de Quinault, précédées d'une nouvelle notice sur sa vie et ses ouvrages. — *Paris*, 1824, 2 vol. in-8°.

2600. **QUINET** (Edgar). Idées sur la philosophie de l'histoire de l'humanité, par Herder, traduit de l'allemand par Edgar Quinet. —*Paris*, 1827-1828, 3 vol. in-8°.

R

1285. **RABANI-BEAUREGARD** (A.) et **GAULT** (P.-M.). Tableau de la ci-devant province d'Auvergne, suivi d'un précis historique sur les révolutions qu'elle a éprouvées, depuis le temps où elle a commencé d'être connue jusqu'à nos jours. — *Paris*, An X, in-4°.

2814. **RABELAIS**. OEuvres de Rabelais, édition variorum, augmentée de pièces inédites, des songes drolatiques de Pantagruel et d'un nouveau commentaire historique et philologique, par Esmangart et Éloi Johanneau. — *Paris*, 1823, 9 vol. in-8°.

RAMEAU (Ch.). Voyez Grosse.

1324. **RAPPORT** au Roi sur l'administration des Finances. — *Paris*, mars 1830, in-4°.

2023. **RAPPORT** des comités de constitution et de judicature sur les offices de Notaires. — *Paris, Impr. Nat.*, in-8°, 2° pièce du recueil.

2023. **RAPPORT** fait sur le citoyen Chaudot, Notaire, en l'assemblée générale de la section du Contrat-Social, en vertu de l'arrêté par elle pris le 30 ventôse l'an III°, portant en outre qu'il sera fait une pétition à la Convention nationale, pour lui demander la réhabilitation de la mémoire de ce citoyen. Pétition faite à la Convention nationale. — Réponse du président. — S. l. n. d., in-8°, 3° pièce du recueil.

RAVIOT (Guillaume). Voyez Perrier (François).

2815. RAYNAL (G.-T). Histoire philosophique et politique des établissemens et du commerce des Européens dans l'Afrique septentrionale, ouvrage posthume de G.-T. Raynal, augmenté par M. Peuchet. — *Paris*, 1826, 2 vol. in-8°.

1231. — Histoire philosophique et politique des établissements et du commerce des Européens dans les deux Indes, avec atlas de toutes les parties connues du globe terrestre. — *Paris*, 1780, 5 vol. in-4°.

1228. RÉAL (de). La science du gouvernement. — *Paris* et *Amsterdam*, 1742-1744, 8 vol. in-4°.

4015. REBOUL (E.). Moniteur des assurances, fondé par E. Reboul, continué par A. Thomereau. Voyez MONITEUR.

2852. RECUEIL chronologique des lois, arrêtés, décrets, avis du conseil d'État et ordonnances du Roi, sur les droits d'enregistrement, de timbre, de greffe et d'hypothèque. — *Paris*, 1821, in-8° (2 exemplaires).

1008. RECUEIL contenant les édits et déclarations du Roy sur l'établissement et confirmation de la jurisdiction des Consuls, en la ville de Paris et autres, et les ordonnances et arrests donnés en faveur de cette justice. — *Paris*, 1705, in-4°.

1007. RECUEIL d'arrêts rendus sur plusieurs questions jugées dans des procès de rapport en la quatrième chambre des enquêtes. — *Paris*, 1750, in-4°.

4012. RECUEIL des arrêts du Conseil d'État, par Macarel, Deloche, Lebon, Gauté, Hallay-Dabot, Panhard, etc. 1re série, 1821-1830, 12 vol. 2e série, 1831-1892, 61 vol. Tables, 1821-1884, 4 vol. — *Paris*, 1821-1892, 77 vol. in-8°.

1284. RECUEIL des édicts, déclarations, arrests et réglements concernans les desseichements des marais. — *Paris*, 1666, in-4°.

2047. RECUEIL des édicts, déclarations, arrests et réglemens faits en faveur et pour le restablissement des esleus en la province et généralité de Guiene. — *Paris*, 1626, 40 pages in-8°, tome II, 23ᵉ pièce du recueil.

1183. RECUEIL des édits, déclarations, lettres patentes, arrests et réglemens du Roy, registrés en la cour du Parlement de Normandie depuis l'année 1643 jusqu'en 1771. — *Rouen*, 1755-1774, 10 vol. in-4°.

1042. RECUEIL des édits, ordonnances, déclarations, traitez et concordats du régime de Léopold Iᵉʳ, duc de Lorraine et de Bar. — *Nancy*, 1733-1734, 3 vol. in-4°.

2436. RECUEIL des édits (Nouveau), déclarations, ordonnances, réglemens et arrests des Roys de France, depuis François Iᵉʳ jusques à présent. — *Paris*, 1664, in-12.

2407. RECUEIL des lois et réglemens concernant l'instruction publique, depuis l'édit de Henri IV en 1598, jusqu'à ce jour. — *Paris*, 1814, 4 vol. in-8°.

1009. RECUEIL des ordonnances, édits, déclarations, arrests et autres titres qui établissent en faveur du Châtelet de Paris la police générale et le droit de prévention en matière civile, criminelle et de police particulière dans l'étendue des villes, fauxbourgs et banlieue de Paris. — *Paris*, 1740, in-4°.

1362. RECUEIL des réglemens et tarifs rendus jusques à présent, concernant les droits de controlle des actes des Notaires et sous signature privée, insinuations laïques et centième denier et petits-scels des actes judiciaires, rolles des tailles et autres impositions. (Nouvelle édition.) — *Paris*, 1724, 3 vol. in-4°.

1063. **RECUEIL** des réglemens rendus jusqu'à présent, concernant les droits d'amortissemens, franc-fiefs, nouveaux acquests et usages, avec les décisions du conseil de l'année 1689 et autres rendus depuis. — *Paris*, 1729, 4 vol. in-4°.

4025. **RECUEIL** des traités de la France, par de Clercq, 1713-1890. *Paris*, 1880-1893, 18 vol. in-8°.

1070. **RECUEIL** général des lois et des arrêts, en matière civile, criminelle, administrative et de droit public, fondé par M. J.-B. Sirey, rédigé depuis 1831 par L.-M. Devilleneuve, A. Carette et P. Gilbert, et continué, depuis 1873, par A. Carette et Ruben de Couderc. — *Paris*, An X à 1893, 93 tomes en 94 vol. in-4°. (Le tome VII est divisé en deux vol.)

1072. — Table alphabétique et raisonnée du Recueil général des lois et arrêts, 1800-1820, par J.-B. Sirey, J.-B. Duvergier et L.-M. Devilleneuve. — *Paris*, 1821, in-4°. Voyez Jurisprudence du XIXe siècle.

4016. **RECUEIL** officiel des instructions et circulaires du Ministère de la justice, publié par les ordres du Garde des Sceaux, Ministre de la justice (1790-1875). — *Paris*, 1879-1883, 3 vol. in-8°.

2527. **RECUEIL** officiel des ordonnances et instructions publiées sur la fabrication et la vérification des poids et mesures, en exécution de la loi du 4 juillet 1837. — *Paris*, 1839, in-8°.

1353. **RÉFLEXIONS** d'un Avoué au tribunal de première instance, sur les observations des Notaires relatives au projet de Code de procédure civile. — *Paris*, 1805, in-4°, 13e pièce du recueil.

— Réflexions des Avoués du tribunal de première instance du département de la Seine, en réponse aux observations des Notaires de Paris, sur le projet du Code de la procédure civile dans ses rapports avec le Notariat. — *Paris*, s. d., in-4°, 12e pièce du recueil.

2455. RÉGLEMENS rendus sur le fait des tailles et personnes privilégiées. — *Rouen*, 1710, in-12.

2089. RÉGLEMENS sur les matières ecclésiastiques, **1re partie**, contenant les Pragmatiques de S. Louis et de Charles VII, le Concordat entre François Ier et Léon X, l'édit de Melun de 1580 et l'édit de déc. 1606 ; **2e partie**, contenant l'édit de 1691 et celui de 1695. — *Paris*, 1788, 2 vol. in-32.

1025. RÉGLEMENS sur les scellés et inventaires en matière civile et criminelle. — *Paris*, 1734, in-4°.

2047. RÉGLEMENT de la cour de Parlement pour la taxe des officiers de justices des duchez et pairies, et des prévôtez et justices subalternes qui en dépendent. — *Paris*, 1689, 64 pages in-8°, tome IV, 37e pièce du recueil.

2091. RÉGLEMENT du conseil concernant la procédure que sa Majesté veut être observée en son conseil. Donné à Versailles, le 28 juin 1738. — *Paris*, 1786, in-32.

2047. RÉGLEMENT du Conseil d'Estat pour les Greffiers des notifications des contrats. — *Paris*, 1630, 8 pages in 8°, tome III, 27e pièce du recueil.

— Réglement du conseil du dernier juin 1597, et édict du Roy portant union des offices de Controlleur au greffe du privé conseil de Sa Majesté, et Greffiers des affirmations en iceluy, aux charges de conseillers du Roy, secrétaire de ses finances, Greffiers dudit conseil privé, avec attribution et augmentation de gages et droicts. — *Paris*, 1631, 23 pages in-8°, tome I, 35e pièce du recueil.

— Réglement du greffe des requestes ordinaires de l'hostel du Roy. — *Paris*, 1612, 12 pages in-8°, tome II, 3e pièce du recueil.

— Réglement faict par le juge et consulz de ceste ville de Paris, concernant l'exercice des greffes tant anciens que des présentations de la jurisdiction consulaire et places de clercs d'iceux, avec la modération des droicts pour le soulagement des parties. — *Paris*, 1617, 32 pages in-8°, tome II, 10e pièce du recueil.

2531. **RÉGLEMENT** sur l'enseignement dans les lycées. — *Paris*, 1810, in-8°.

REGNAUD (de Saint-Jean-d'Angély). Voyez Jouanneau (L.-C.) et Solon.

2581. **RÉGNIER**. OEuvres complètes de Régnier, nouvelle édition avec le commentaire de Brossette publié en 1729. — *Paris*, 1822, in-8°.

2422. **RELATION** des événemens mémorables arrivés dans l'exploitation de houille de Beaujonc, près de Liège, le 28 février 1812. — *Liège*, 1812, in-8°.

132. **REMARQUES** critiques sur le dictionnaire de Bayle. — *Paris* et *Dijon*, 1748, in-fol.

2034. **RENAUD** (J.-C.). Tarif des Notaires, ou instruction sur la perception des émolumens des Notaires. — *Besançon*, 1814, in-8°, 2e pièce du recueil.

1179. **RENAULDON**. Dictionnaire des fiefs et des droits seigneuriaux utiles et honorifiques. — *Paris*, 1788, 2 vol. in-4°.

2889. **RENDU** (Amb.). Code Perrin, ou Dictionnaire des constructions et de la contiguïté; édition refondue par Amb. Rendu, 2e édition, revue par J. Sirey. — *Paris*, 1868, in-8°.

2671. **RENÉ D'ANJOU**. Histoire de René d'Anjou, Roi de Naples, duc de Lorraine et comte de Provence. Voyez Villeneuve Bargemont.

2258. **RENOUARD** (A.-Ch.). Traité des faillites et banqueroutes, 2e édition. — *Paris*, 1844, 2 vol. in-8°.

12

41¹. RENUSSON (de). OEuvres de M. de Renusson, scavoir : I. Traité de la communauté de biens entre l'homme et la femme conjoints par mariage ; II. Traité du douaire ; III. Traité de la garde noble et bourgeoise ; IV. Traité des propres réels, réputés réels et conventionnels ; V. Traité de la subrogation. Nouvelle édition, revue, corrigée, etc., etc., par M. J.-A. Serieux. — *Paris*, 1760, in-fol.

41². — Même ouvrage. — *Paris*, 1780, in-fol.

1110. — Traité des propres réels, réputez réels et conventionnels où sont traitées les notables questions du droit françois. 4ᵉ édition. — *Paris*, 1733, in-4°.

1203. — Traité de la communauté de biens entre l'homme et la femme conjoints par mariage. — *Paris*, 1723, in-4°.

1092. — Traitez du douaire et de la garde-noble et bourgeoise, qu'on appelle bail en plusieurs coustumes. — *Paris*, 1724, in-4°.

908. RÉPERTOIRE général alphabétique du droit français, publié sous la direction de Fuzier-Herman (Ed.), par Carpentier (A.) et Frérejouant du Saint (G.), tomes I, II, III 1ʳᵉ partie, IV à IX. (Le tome III n'est pas terminé.) — *Paris*, 1886-1892, 9 vol. in-4°.

2894. RÉPERTOIRE général pratique du Notariat, faisant suite et servant de complément au traité pratique et formulaire général du Notariat et à tous les autres ouvrages de M. Defrénois, 1ʳᵉ partie, jurisprudence, 1881-1892. — *Paris*, 1881-1892, 12 vol. in-4°. 2ᵉ partie, législation , 1881-1890. — *Paris*, 1881-1890, 2 vol. in-4°. Table décennale, 1881-1890, 1 vol.

4011. RÉPERTOIRE périodique de l'enregistrement. Recueil de toutes les décisions administratives et judiciaires sur l'enregistrement et le timbre, comparées avec le droit civil, publié par M. Garnier. — *Paris* et *Bruxelles*, 1854-1893, 40 vol. in-8°.

1353. **RÉPONSE** des Notaires au mémoire des Avoués. Examen rapide des réflexions des Avoués du tribunal de première instance du département de la Seine, publiées en réponse aux observations des Notaires de Paris sur le projet de Code de la procédure civile. Avertissement. — *Paris*, 1804, in-4°, 14° pièce du recueil.

RÉQUIER. Voyez GRAVINA.

2066. **RÉSOLUTIONS** du conseil des Cinq-Cents, du 9 vendémiaire de l'An VIII sur l'organisation du Notariat. — *Paris*, An VIII, in-8°, 11° pièce du recueil.

2047. **RESTABLISSEMENT** des greffes de notifications des contracts subjects à retraict lignagier et à lots et ventes. — *Paris*, 1586, 12 p. in-8°, tome I, 23° pièce du recueil.

4017. **REVUE** critique de législation et de jurisprudence, par Demolombe, Marcadé, etc. 1ᵣₑ série, 1851-1870, 37 vol. Nouvelle série, 1871-1893, 22 vol. — *Paris*, 1851-1893, 59 vol. in-8°.

4028. **REVUE** de la législation des mines, minières, usines métallurgiques, carrières et sources d'eaux minérales, 1884-1893. Statistique des houillères en France et en Belgique, 1890-1893. — *Paris, Bruxelles et Lille*, 1884-1893, 14 vol. in-8°.

4013. **REVUE** de législation et de jurisprudence, publiée sous la direction de Wolowski, Troplong, Giraud, etc. — Octobre 1834 à avril 1853. — *Paris*, 1835-1853, 46 tomes en 19 vol. in-8°.

4026. **REVUE** des sociétés. Recueil mensuel de jurisprudence, doctrine, législation française et étrangère, sous la direction de M. Vavasseur. — *Paris*, 1883-1893, 11 vol. in-8°.

4029. **REVUE** du Notariat et de l'Enregistrement. — *Paris*, 1861-1893, 34 vol. in-8°.

— Répertoire de la Revue du Notariat et de l'Enregistrement, 1861-1885. — *Paris*, 1873-1889, 2 vol. in-8°.

— Collection des observations pratiques publiées par la Revue du Notariat jusqu'au 1er janvier 1869. — *Paris*, 1869, in-8°.

2195. **REVUE** encyclopédique, ou analyse raisonnée des productions les plus remarquables dans la littérature, les sciences et les arts, par une réunion de membres de l'Institut, etc. — *Paris*, 1820-1826, 32 vol. in-8°.

2268. **REY** (Joseph). Des institutions judiciaires de l'Angleterre, comparées avec celles de la France et de quelques autres États anciens et modernes. — *Paris*, 1826, 2 vol. in-8°.

2388. — Même ouvrage, même édition.

2169. **REYNAUD** (J.-E.). Traité de la péremption d'instance en matière civile, revu par Dalloz. — *Paris*, 1837, in-8°.

REYNIER. Voyez Michel.

1091. **RICARD** (Jean-Marie). Deux traictez, l'un du don mutuel fait par testament ou par contract, et l'autre des dispositions conditionnelles, onéreuses, rémunératoires, démonstratives, causées, dilatoires et à temps. — *Paris*, 1661, in-4°.

64[1]. — Traité des donations entre-vifs et testamentaires, ensemble la coutume d'Amiens commentée par le même auteur. — *Paris*, 1713, 2 vol. in-fol.

64[2]. — Même ouvrage. — *Paris*, 1734, 2 vol. in-fol.

1290. **RICARD** (Samuel). Traité général du commerce, contenant des observations sur le commerce des principaux états de l'Europe. — *Amsterdam*, 1781, 2 vol. in-4°.

RICHEBOURG. Voyez Bourdot de Richebourg.

134. RICHELET (Pierre). Dictionnaire de la langue françoise, ancienne et moderne. — *Lyon*, 1759, 3 vol. in-fol.

2451. RICHELIEU. Maximes d'état, ou testament politique d'Armand du Plessis, cardinal de Richelieu. — *Paris*, 1764, in-8°.

1113. RICHER (François). Traité de la mort civile, tant celle qui résulte des condamnations pour cause de crime, que celle qui résulte des vœux en religion. — *Paris*, 1755, in-4°.

2797. [RICHER (L.)]. L'Ovide bouffon, ou les métamorphoses travesties en vers burlesques. — *Paris*, 1662, in-12.

RICHER. Voyez Lamoignon.

1159. RICHERUS (Th.-M.). Codex rerum in Pedemontano senatus judicatarum. — *Taurinorum*, 1783-1786, 4 vol. in-4°.

RIGAUD. Voyez Championnière.

2524. RIVES (D.-B.). OEuvres d'Omer et de Denis Talon, publiées sur les manuscrits autographes. — *Paris*, 1821, 6 vol. in-8°.

2216. RIVIÈRE (H.-F.) et **FRANÇOIS** (A.). Explication de la loi du 23 mars 1855 sur la transcription en matière hypothécaire. — *Paris*, 1855, in-8°.

1390. RIVIÈRE (H.-F.), **HÉLIE** (Faustin) et **PONT** (Paul). Codes français et lois usuelles. — *Paris*, 1877, in-4°.

1132. RIVIÈRE et **ROBERT FRÉMONT.** Pandectes françaises. Nouveau répertoire. Voyez Pandectes françaises.

2375. ROBERT (J.-B.-M.). Jurisprudence sur la capacité personnelle et sur l'effet des contrats des femmes mariées. — *Paris*, 1813, in-8°.

2546. ROBERT-DUMESNIL (A.-P.-F.). Le peintre graveur français, ou catalogue raisonné des estampes gravées par les peintres et les dessinateurs de l'école française. — *Paris*, 1835-1844, 7 tomes en 4 vol. in-8°.

2669. ROBERTSON (W.). Histoire du règne de l'empereur Charles-Quint, traduite de l'anglois par J.-B.-A. Suard. — *Paris*, 1817, 4 vol. in-8°.

1164. ROBINET. Dictionnaire universel des sciences morales, économiques, politiques et diplomatiques, ou Bibliothèque de l'homme d'état et du citoyen, mis en ordre et publié par M. Robinet. — *Londres*, 1777-1783, 8 vol. in-fol.

2662. ROBINSON. Antiquités grecques, ou tableau des mœurs, usages et institutions des grecs. — *Paris*, 1822, 2 vol. in-8°.

RODENBURGH. Voyez Boullenois (Louis).

2110. RODIÈRE (A.) et **PONT** (P.). Traité du contrat de mariage et des droits respectifs des époux. — *Paris*, 1847, 2 vol. in-8° (2 exemplaires).

1388. ROGER (Aug.) et **SOREL** (Alex.). Codes et lois usuelles classées par ordre alphabétique, 4e édition, contenant la législation jusqu'à 1870. — *Paris*, 1870 (4 exemplaires).

2395. ROGUE. Jurisprudence consulaire et instruction des négociants. — *Angers*, 1773, 2 vol. in-12.

2816. ROLAND. Mémoires de Madame Roland, avec une notice sur sa vie, des notes et des éclaircissemens historiques. — *Paris*, 1827, 2 vol. in-8°.

2003. ROLLAND DE VILLARGUES. Code du notariat et des droits de timbre, d'enregistrement d'hypothèque et de greffe. — *Paris*, 1836, in-8°.

2006. — De la nécessité d'ériger en titre d'offices les fonctions de Notaire, Procureur, Greffier et Huissier, suivi d'un projet de loi sur cette matière, avec un appendice contenant des observations sur le Notariat et le projet d'une nouvelle organisation.—*Paris*, 1815, in-8°.

2004. — Des substitutions prohibées par le Code civil (Seconde édition). — *Paris*, 1821, in-8°.

2023. — Esprit du Notariat. — *Paris*, 1809, in-8°, 6ᵉ pièce du recueil.

2066. — Même ouvrage, même édition, 18ᵉ pièce du recueil.

2002. — Jurisprudence du Notariat, par une société de magistrats, de jurisconsultes, etc., sous la direction de M. Rolland de Villargues. — *Paris*, 1828-1892, 65 vol. in-8°.

2001. — Répertoire de la jurisprudence du Notariat, par une réunion de magistrats, de jurisconsultes, etc., sous la direction de M. Rolland de Villargues. — *Paris*, 1727-1831, 7 vol. in-8° (2 exemplaires).

— Même ouvrage, 2ᵉ édition. — *Paris*, 1840-1845, 9 vol. in-8°.

2791. **ROLLIN**. De la manière d'enseigner et d'étudier les belles-lettres par rapport à l'esprit et au cœur. — *Paris*, 1748, 4 vol. in-12.

2828. — Histoire ancienne des Égyptiens, des Carthaginois, des Assyriens, des Babyloniens, des Mèdes et des Perses, des Macédoniens, des Grecs. — *Paris*, 1748-1743 (*sic*), 13 tomes en 14 vol. in-12.
NOTA. — Le tome XI est divisé en 2 parties et forme 2 vol.

2763. **ROLLIN** et **CREVIER**. Histoire romaine, depuis la fondation de Rome jusqu'à la bataille d'Actium, c'est-à-dire jusqu'à la fin de la République. — *Paris*, 1748, 16 vol. in-12.

2245. **ROMIGUIÈRE**. Commentaire de la loi sur les sociétés en commandite par actions et de la loi sur l'arbitrage forcé. — *Paris*, 1856, in-8°.

1154. RONDONNEAU (L.). Corps de droit français, civil, commercial et criminel. — *Paris*, 1810-1811, 3 vol. in-4°.

2241. — Vocabulaire classique des étudians en droit. — *Paris*, 1821, in-8°.

— Voyez Fleurigeon.

2632. ROQUEFORT (B. de). De l'état de la poésie françoise dans les xiie et xiiie siècles. — *Paris*, 1821, in-8°.

ROSEMOND (de). Voyez Burnet.

2907. ROSSEL (Virgile). Manuel du droit civil de la Suisse romande (cantons de Genève, Fribourg, Neuchatel, Tessin, Vaud, Valais et Berne (Jura Bernois), suivi d'un abrégé portant sur le droit commercial et la procédure. — *Bâle* et *Paris*, 1886, in-8°.

2810. ROUCHER. Les mois, poème en douze chants. — *Paris*, 1826, 2 vol. in-12.

2862. ROUSSE (Edmond). Discours, plaidoyers et œuvres diverses de M. Edmond Rousse, recueillis et publiés par F. Worms. — *Paris*, 1884, 2 vol. in-8°.

2228. — Discours et plaidoyers de M. Chaix d'Est-Ange. — *Paris*, 1812, 2 vol. in-8°.

2574. ROUSSEAU (J.-B.). OEuvres choisies de J.-B. Rousseau, odes, cantates, épitres et poésies diverses. — *Paris*, 1823, in-8°.

2561. ROUSSEAU (J.-J.). Histoire de la vie et des ouvrage de J.-J. Rousseau. — *Paris*, 1822, 2 vol. in-8°.

2331. ROUSSEAU (R.). Des sociétés commerciales françaises et étrangères. — *Paris*, 1878, 2 vol. in-8°.

1013. ROUSSEAUD DE LACOMBE (Guy). Recueil de jurisprudence du pays de droit écrit et coutumier, par ordre alphabétique. — *Paris*, 1736, in-4°.

1005. — Même ouvrage, 4ᵉ édition. — *Paris*, 1769, in-4°.

1360. ROUTIER (Ch.). Principes généraux du droit civil et coutumier de la province de Normandie. — *Rouen*, 1742, in-4°.

1226. ROUVIÈRE (de la). Traité de la révocation en nullité des donations, legs, institutions, fidéicommis et élections d'héritiers par l'ingratitude, l'incapacité et l'indignité des donataires, héritiers, légataires, substitués et élus à une succession. — *Toulouse*, 1738, in-4°.

1371. ROYER (Ch.). Fables. — *Paris*, 1863, gr. in-8°.

1133. RUBEN DE COUDERC. Pandectes françaises. Pandectes chronologiques, 1789 à 1886. Voyez Pandectes françaises.

2291. RUELLE. Nouveau manuel des propriétaires et des locataires de maisons, des fermiers et des usufruitiers. — *Paris*, 1811, in-8°.

2320. RUTGEERTS (L.-J.-N.-M.) et **AMIAUD** (A.). Commentaire sur la loi du 25 ventôse An XI, organique du Notariat et sur les lois et principes du droit civil qui s'y rattachent. — *Bruxelles* et *Paris*, 1884, 3 vol. in-8°.

2656. RYAN (Ed.) — Bienfaits de la religion chrétienne, ouvrage traduit de l'anglais par Boulard (A.-M.-H.). — *Paris*, 1823, in-8°.

S

SACRÉ (A.). Voyez Hœchster (E.-G.).

26. **SAINCTYON** (de). Les édicts et ordonnances des Roys, coustumes des provinces, réglemens, arrests et jugemens notables des eaux et forêts. — *Paris*, 1610, in-fol.

2254. **SAINT-ALBIN** (H. de). Logique judiciaire, ou traité des argumens légaux. — *Paris*, 1832, in-16.

2513. **SAINT-EDME** (B.). Dictionnaire de la pénalité dans toutes les parties du monde connu. — *Paris*, 1824-1828, 5 vol. in-8°.

1259. **SAINT-LEU** (de). Coutumes du bailliage de Senlis et son ancien ressort, avec des remarques tirées de la conférence des coutumes de Paris, Vallois, Clermont, des commentaires de J.-M. Ricard et Laurent Bouchel, avec un précis de droit françois, par de Saint-Leu. — *Paris*, 1703, in-4°.

SAINT-SURIN. Voyez Boileau-Despréaux.

2598. **SAINT-VICTOR** (J.-B. de). Odes d'Anacréon, traduites en vers sur le texte de Brunck. — *Paris*, 1818, in-8°.

2845. **SALGUES** (J.-B.). De la littérature des Hébreux, ou des livres saints considérés sous le rapport des beautés littéraires. — *Paris*, 1825, in-8°.

1209. **SALLÉ**. L'esprit des ordonnances de Louis XIV, ouvrage où l'on a réuni la théorie et la pratique des ordonnances, contenant l'ordonnance de 1667, celle de 1669, l'édit de 1669 servant de règlement pour les épices et vacations. — *Paris*, 1758, 2 vol. in-4°.

1210. — L'esprit des ordonnances et des principaux édits et déclarations de Louis XV, en matière civile, criminelle et bénéficiale. —
Paris, 1771, in-4°.

1029. — Traité des fonctions, droits et privilèges des commissaires
au Châtelet de Paris. — *Paris*, 1759, 2 vol. in-4°.

1263. **SALLIGNY** (Charles). Coutume de Vitry-le-François. — *Vitry*,
1676, in-4°.

2573. **SALLUSTE**. OEuvres de Salluste, traduction nouvelle par Dureau
de Lamalle. — *Paris*, 1811, in-8°.

2434. **SALMASIUS** (Cl.). De modo usurarum. — *Lugduni-Batavorum*,
1739, in-12.

2435. — De usuris. — *Lugduni-Batavorum*, 1738, in-12.

2491. **SALVADOR** (J.). Loi de Moïse, ou système religieux et politique
des Hébreux. — *Paris*, 1822, in-8°.

24. **SALVAING** (Denis de). De l'usage des fiefs et autres droits seigneuriaux. — *Grenoble*, 1731, in-fol.

1095. **SALVIAT** (de). La jurisprudence du Parlement de Bordeaux. —
Paris, 1787, in-4°.

2776. **SANTOLIUS** (Joh.-Bapt.). Opera omnia. Editio tertia. — *Parisiis*,
1729, 3 vol. in-8°.

2832. **SARBIEVIUS** (Mat.-Cas.). Carmina. — *Parisiis*, 1791, in-12.

2534. **SATYRE** menippée de la vertu du catholicon d'Espagne et de la
tenue des États de Paris. — *Ratisbonne*, 1752, 3 vol. in-8°.

2737. **SAUVAGEAU** (Michel). Coutumes de Bretagne avec les commentaires et observations pour l'intelligence, etc. etc. — *Rennes*, 1742, in-16.

— Voyez Dufail (Noël).

2625¹. **SAVARY**. Le Coran traduit de l'arabe, accompagné de notes, précédé d'un abrégé de la vie de Mahomet. — *Paris*, 1821, 2 vol. in-8°.

2405. **SAY** (J.-B.). Traité d'économie politique. — *Paris*, 1819, 2 vol. in-8°.

2416. **SCARRON**. Le roman comique de Scarron. — *Paris*, 1825, 2 vol. in-8°.

1142. **SCHULTINGIUS** (Ant.). Jurisprudentia vetus ante-Justinianea, ex recensione et cum notis Antonii Schultingii; præfatus est Georgius-Henricus Ayrer. — *Lipsiæ*, 1737, in-4°.

2596. **SCIPIONS**. Nuits romaines au tombeau des Scipions, traduit de l'italien par L.-F. Lestrade. — *Paris*, 1826, 2 vol. in-8°.

2066. **SEDILLEZ** (L.-F.). Opinion de L.-F. Sedillez sur la résolution du 24 germinal, concernant l'organisation du Notariat. — *Paris*, An VII, in-8°, 4° pièce du recueil.

2226. **SELIGMAN**. Explication théorique et pratique de la loi du 21 mai 1858 sur les articles modifiés des saisies immobilières et sur la procédure d'ordre. Ouvrage examiné et annoté par Paul Pont. — *Paris*, 1860, in-8°.

1286. **SÉLIS**. Satires de Perse, traduites par Sélis, nouvelle édition revue et augmentée par Achaintre (N.-L.). — *Paris*, 1822, in-4°.

2253. **SELVES** (J.-B.). Tableau des désordres dans l'administration de la justice et des moyens d'y remédier. — *Paris*, 1812, in-8°.

1259. SENLIS. Coutumes du bailliage de Senlis. Voyez Saint-Leu.

1354. SENTENCE contre les Notaires apostoliques. — S. l. (1421), 4 p. in-4°, 6e pièce du recueil.

— Sentence par laquelle il a esté ordonné que le partage seroit fait pardevant Notaires, encores que l'on ait prétendu que la sentence de faire ledit partage fut contentieuse, et arrest confirmatif. — S. l. (1609), 2 pages in-4°, 18e pièce du recueil.

— Sentence par laquelle il est deffendu à tous Sergens et Priseurs de faire aucun inventaire, et les inventaires qu'ils auroient faicts sont déclarez nuls et ont esté lacérez en justice. — S. l. n. d., 4 pages in-4°, 13e pièce du recueil.

— Sentence par laquelle les Notaires, Garde-nottes du Chastelet de Paris, sont dispensez de déposer pour le fait de leur charge pardevant les commissaires dudit Chastelet. — S. l. (1609), 2 pages in-4°, 17e pièce du recueil.

— Sentence portant inhibition à tous Notaires de recevoir et passer aucunes reconnoissances de promesses et autres actes le nom en blanc. — S. l. (1618), 6 pages in-4°, 26e pièce du recueil.

2017. SERIEYS (J.-J.-S.). Nouveau répertoire de la jurisprudence et de la science du Notariat, depuis son organisation jusqu'à présent, contenant dans l'ordre alphabétique l'extrait et l'analyse des meilleurs ouvrages et de tout ce qu'il y a de plus intéressant sur cette matière, avec des notes et des formules. — *Paris*, 1828, in-8°.

2552. SERVANT (Joseph-Michel-Antoine). OEuvres choisies de Joseph-Michel-Antoine Servant. — *Liège*, 1819, 2 vol. in-8°.

2743. SERVIEZ (de). Les impératrices romaines, ou histoire de la vie et des intrigues secrètes des femmes des douze Césars, de celles des empereurs romains et des princesses de leur sang. — *Paris*, 1728, 3 vol. in-16.

2605. SÉVIGNÉ. Lettres de Madame de Sévigné, de sa famille et de ses amis. — *Paris*, 1820-1827, 11 vol. in-8°.

2872. SÉVIN. Étude sur les origines révolutionnaires des Codes Napoléon. Nouvelle édition approuvée par M. Mercier. — *Paris*, 1879, in-8°.

1102. SIÈGES royaux ressortissant directement au Parlement de Paris, rangés par ordre alphabétique. — *Paris*, 1776, in-4°.

2023. SILVESTRE. Notices biographiques sur MM. Hubert - Pascal Ameilhon, Edme-Hilaire Garnier-Deschenes, Étienne de Vitry et Michel Beljambe, membres de la société d'agriculture du département de la Seine. — *Paris*, 1813, in-8°, 8e pièce du recueil.

2433. SIMON (Denys). Traité du droit de patronage, de la présentation aux bénéfices et des droits honorifiques des seigneurs dans les Églises. — *Paris*, 1686, in-12.

— Voyez GROSLEY.

2839. SIMONDE DE SISMONDI (J.-C.-L.). — Histoire des républiques italiennes du moyen-âge. — *Paris*, 1826, 16 vol. in-8°.

1077. SIREY (A.). Jurisprudence du Conseil d'État, depuis 1806 jusqu'à la fin de septembre 1818. — *Paris*, 1818, 4 vol. in-4°.

1079. SIREY (C.). Jurisprudence du tribunal de cassation, ou précis de tous les jugemens de rejet et de cassation sur des points importants du droit et de la procédure, en matière civile. (An X et An XI.) — *Paris*, 2 vol. in-4°.

1076. SIREY (J.-B.). Code civil, annoté des dispositions et décisions de la législation et de la jurisprudence. — *Paris*, 1819, in-4°.

1358. — Code d'instruction criminelle, annoté des dispositions et décisions de la législation et de la jurisprudence. — *Paris*, 1817, in-4°.

1220. — Code de procédure civile, annoté des dispositions et décisions de la législation et de la jurisprudence. — *Paris*, 1819, in-4°.

1078. — Du Conseil d'État selon la charte constitutionnelle, ou notions sur la justice d'ordre politique et administrative. — *Paris*, 1818, in-4°.

1070. — Recueil général des lois et des arrêts, en matière civile, criminelle, administrative et de droit public, fondé par M. J.-B. Sirey, rédigé depuis 1831 par L.-M. Devilleneuve, A. Carette et P. Gilbert, etc. Voyez Recueil général.

1080. **SIREY** (J.-B.) et **DE VILLENEUVE** (L.-M.). Les cinq Codes, annotés de toutes les décisions et dispositions interprétatives, modificatives et applicatives jusqu'à l'année courante, avec renvois aux principaux recueils de jurisprudence. — *Paris*, 1824, in-4°.

60. **SOEFVE** (Lucien). Nouveau recueil de plusieurs questions notables tant de droit que de coutumes, jugées par arrests d'audiances du Parlement de Paris, depuis 1640 jusques à présent, divisé par centuries. — *Paris*, 1700, 2 vol. in-fol.

SOREL (Alex.). Voyez Roger (Aug.).

1235. **SOUCHET** (Étienne). Coutume d'Angoumois, commentée et conférée avec le droit commun du royaume de France. — *Paris*, 1780-1783, 2 vol. in-4°.

2352. **SOULATGES** (J.-A.). Traité des crimes. — *Toulouse*, 1762, 3 vol. in-12.

2636. **SOULIÉ** (Eud.). Recherches sur Molière et sur sa famille. — *Paris*, 1863, in-8°.

2007. **SOURDAT** (A.). Traité général de la responsabilité, ou de l'action en dommages-intérêts en dehors des contrats. — *Paris*, 1852, 2 vol. in-8°.

— Même ouvrage, 2ᵉ édition, *Paris*, 1872, 2 vol. in-8°.

2806. **STACE.** L'Achilléide, traduction nouvelle par P.-L. Cormiliolle. — *Paris*, 1820, in-12.

2823. — Les Sylves de Stace, traduction nouvelle par P.-L. Cormiliolle. — *Paris*, 1820, in-12.

4028. **STATISTIQUES** des houillères en France et en Belgique. Voyez
Revue de la législation des mines.

1300. **STATUTS** de l'ordre de Saint-Michel. — *Imprimerie royale*, 1725,
in-4° (2 exemplaires).

1301. **STATUTS** de l'ordre du Saint-Esprit, estably par Henri IIIᵉ
du nom, Roy de France et de Pologne, au mois de décembre l'an 1578.
Imprimerie royale, 1740, in-4°.

5. **STATUTS** et catalogue des chevaliers, commandeurs et officiers de
l'ordre du Saint-Esprit, avec leurs noms, qualités et postérité depuis l'institution jusqu'à présent. — S. l., 1733, in-fol.

1352. **STATUTS** et réglemens de la communauté des Conseillers du
Roy, Notaires, Garde-notes de Sa Majesté au Chastelet de Paris,
1681-1813. — *Paris*, 1681-1813, 2 vol. in-4°.

17. **STATUTS** et réglemens de la communauté des Conseillers du Roy,
Notaires, Garde-notes et Garde-Scel au Chastelet de Paris. — *Paris*,
1711, petit in-fol.

— Même ouvrage, *Paris*, 1766, petit in-fol.

18. **STATUTS** et réglements des Notaires du ressort de la Chambre
de Paris, avec extraits des délibérations ou circulaires relatives aux
réglements de 1845 à 1870, loi du 25 ventôse An XI, ordonnance du
4 janvier 1843 et table alphabétique et analytique. — *Paris*, 1ᵉʳ mai
1870, in-fol.

1349. STATUTS et réglemens des Notaires royaux du ressort de la Chambre séant à Versailles, rédigés par MM. Bouant-Simonot et Huvé. — *Versailles*, mai 1818, in-4°.

2805. STEELE (Addison). Beautés du spectateur, du babillard et du tuteur, ou recueil des morceaux les plus intéressans extraits de ces trois ouvrages, par G. Hamonière. — *Paris*, 1819, 2 vol. in-12.

2078. STILE (Nouveau) et protocolle des Notaires, Tabellions, Greffiers, Sergents, et autres Practiciens. — *Rouen*, 1629, in-32.

1337. STRUTT (Joseph). Angleterre ancienne, ou tableau des mœurs, usages, armes, habillemens, etc. des anciens habitans de l'Angleterre, c'est-à-dire des anciens bretons, des anglo-saxons, des danois et des normands, traduit de l'anglois, par M. B***. — *Paris*, 1789, 2 vol. in-4°.

2024. STYLE (Nouveau) des Notaires de Paris. — *Paris*, 1802-1804, 6 vol. in-8°.

2005. SUBSTITUTIONS prohibées. Des caractères auxquels on doit reconnaître les substitutions prohibées par le Code civil, par une société de jurisconsultes. — *Paris*, 1819, in-8°.

2032. SUDRAUD-DESISLES. Manuel du juge taxateur, 2e édition. — *Limoges*, 1828, in-8°.

2695. SUÉTONE. Les douze Césars, traduit du latin de Suétone, avec des notes et des réflexions par Delaharpe. — *Paris*, 1850. 2 vol. in-8°.

SULPICY. Voyez Teulet.

SURVILLE (Madame de). Voyez Marguerite-Éléonore-Clotilde de Vallon-Chalys.

T

1227. **TABLE** chronologique des ordonnances faites par les Rois de France de la troisième race, depuis Hugues Capet jusqu'en 1400. — *Paris*, 1706, in-4°.

4018. **TABLES** analytiques de la Revue de législation, de la Revue critique, de la Thémis, de la Revue de droit français et étranger par MM. Coin-Delisle et Ch. Million, suivies d'une liste des principaux travaux de droit et de législation contenus dans les séances et travaux de l'Académie des sciences morales par M. Ch. Vergé, avec une introduction historique par Laferrière. — *Paris*, 1860, in-8°.

4007. **TABLEAU** des Huissiers, 1810, 1811, 1813, 1820-1834. — *Paris*, 1810-1834, 18 vol. in-8°.

2739. **TABLEAU** historique et politique de Marseille ancienne et moderne, ou guide fidèle du voyageur et des négocians dans cette ville. — *Marseille*, 1806, in-16.

2837. **TABLETTES** et étrenes généalogiques, historiques et chronologiques contenant la succession des papes, empereurs, rois, ducs, comtes et autres souverains depuis J. C. jusqu'à l'année bissextile 1748. — *Paris*, 1748, in-32.

2023. **TACHÉ** (P.-A.). Rapport fait le 10 mai 1811 à l'assemblée générale des Notaires de l'arrondissement de Clermont-Ferrand. — *Clermont*, 1811, in-8°, 11ᵉ pièce du recueil.

2562. **TACITE**, traduction nouvelle, avec le texte latin en regard, par Dureau de Lamalle. — *Paris*, 1818-1817 (*sic*), 6 vol. in-8°.

88. **TAISAND**. Coutume générale des pays et duché de Bourgogne. — *Dijon*, 1698, in-fol.

1176. **TALON**. Discours de M. Talon, lieutenant civil, dans la séance publique du Châtelet de Paris du lundi 26 octobre 1789, jour de la rentrée du tribunal. — *Paris*, 1789, in-4°.

2524. — OEuvres d'Omer et de Denis Talon. Voyez RIVES.

2856. **TARDIF**. Lois du timbre et de l'enregistrement, extraites du *Bulletin des lois*. — *Paris*, 1826, 2 vol. in-8°.

2655. **TASCHEREAU** (J.). Histoire de la vie et des ouvrages de Molière. *Paris*, 1825, in-8°.

50. **TERRASSON** (Antoine). Histoire de la jurisprudence romaine. — — *Paris*, 1750, in-fol.

145. Même ouvrage, même édition.

1106. **TERRASSON** (Mathieu). OEuvres de feu M⁰ Mathieu Terrasson contenant plusieurs de ses discours, plaidoyers, mémoires et consultations. — *Paris*, 1737, in-4°.

72. **TESSEREAU** (Abraham). Histoire chronologique de la grande chancellerie de France. — *Paris*, 1710, 2 vol. in-fol.

2111. **TESSIER** (H.). Traité de la dot suivant le régime dotal établi par le Code civil. — *Paris* et *Bordeaux*, 1835, 2 vol. in-8°.

1347. **TESTAMENT** argué de faux (affaire Tonniges, Herbelin jeune et Bourget). — *Paris*, 1810, in-4°.

1385. **TEULET, D'AUVILLIERS** et **SULPICY**. Les codes français annotés, offrant sous chaque article l'état complet de la doctrine, de la jurisprudence et de la législation. — *Paris*, 1843, 2 vol. in-4°.

2733. TEXTE des coustumes de la prévosté et vicomté de Paris. — *Paris*, 1740, in-32.

71. THAUMAS DE LA THAUMASSIÈRE (Gasp.). Assises et bons usages de royaume de Jérusalem, tirés d'un manuscrit de la bibliothèque vaticane, par Messire Jean d'Ibelin, ensemble les coutumes de Beauvoisis par Messire Philippe de Beaumanoir et autres anciennes coutumes. — *Paris*, 1690, in-fol.

83. — Coustumes de Beauvoisis par Messire Philippe de Beaumanoir. Assises et bons usages du royaume de Jérusalem par Messire Jean d'Ibelin, et autres anciennes coutumes, le tout tiré des manuscrits, par G. Thaumas de la Thaumassière. — *Bourges* et *Paris*, 1690, in-fol.

1240. — Décisions sur les coutumes de Berry. — *Bourges*, 1667, in-4°.

2171. THÉMIS, ou bibliothèque du jurisconsulte et du publiciste, publiée par MM. Blondeau, Warnkœnig, Birnbaum Holtius, etc. — *Paris*, 1819-1829, 9 vol. in-8°.

2824. THÉOCRITE. Idylles de Théocrite, traduites en français par Geoffroy (J.) et Planche (J.). — *Paris*, 1823, in-12.

57. THEODOSE. Codex Theodosianus. Voyez GOTHOFREDUS.

2842. THEOPHRASTE. Les caractères de La Bruyère, suivis des caractères de Théophraste, traduits du grec. Voyez LA BRUYÈRE.

THÉRY. Voyez DUSSAULT.

22. THESAURUS juris Romani, continens rariora meliorum interpretum opuscula, cum præfatione Everardi Ottonis. — Editio secunda. *Trajecti ad Rhenum*, 1733-1735, 5 vol. in-fol.

1370. THEUREAU (Louis). Étude sur l'abolition de la vénalité des offices. — *Paris*, 1868, gr. in-8°.

1135. **THÉVENOT-DESSAULES**. Dictionnaire du Digeste, ou substances des Pandectes justiniennes. Revu et augmenté par Lesparat et Dussans. — *Paris*, 1808-1809, 2 vol. in-4°.

1020. **THÉVENOT D'ESSAULE DE SAVIGNY**. Traité des substitutions fidéicommissaires, contenant toutes les connoissances essentielles selon le droit romain et le droit françois, avec des notes sur l'ordonnance de 1747. — *Paris*, 1778, in-4°.

2623. **THIBAUDEAU** (A.-C.). Mémoires sur la Convention et le Directoire. — *Paris*, 1827, 2 vol. in-8°.

2187. **THIÉBAULT** (Dieudonné). Frédéric-le-Grand, sa famille, sa cour, son gouvernement, son académie, ses écoles, etc., ou mes souvenirs de vingt ans de séjour à Berlin. — *Paris* et *Leipzig*, 1827, 5 vol. in-8°.

2676. **THIERRY** (Augustin). Histoire de la conquête de l'Angleterre par les Normands, de ses causes et de ses suites jusqu'à nos jours, en Angleterre, en Écosse, en Irlande et sur le continent. — *Paris*, 1826, 4 vol. in-8° et 1 atlas.

THOMEREAU (A.). Voyez REBOUL.

1283. **THOMPSON**. Les Saisons, poême traduit de l'anglais. Édition ornée de figures dessinées par Lebarbier et gravées sous sa direction. — *Paris*, 1796, in-4°.

2836. **THOMSON** (James). The Seasons (avec trad. française). — *London*, 1809, 2 vol. in-12.

1256. **THOU** (J. de), **ANJORANT** (Cl.), **CHARTIER** (Math.), **VIOLE** (J.) et **LONGUEIL** (P. de). Coustumes de la prévosté et vicomté de Paris, mises et rédigées par escrit, en présence des gens des trois Estats de ladite prévosté et vicomté. — *Paris*, 1580, in-4° (exemplaire sur vélin).

2666. THUCYDIDE. Harangues tirées d'Hérodote, de Thucydide. Voyez Auger (l'Abbé).

2798. TIBULLE Élégies de Tibulle. Voyez Mollevaut.

2126. TIPHAINE. Le système complet des privilèges et hypothèques, exposé dans les termes les plus simples. — *Paris*, 1816, in-8°.

2020. TIPHAINE (J.-C.). Répertoire général des dispositions législatives, organiques et réglementaires du Notariat, dans lequel ont été insérés les différens articles des Codes civil et de procédure civile relatifs aux Notaires. — *Paris*, 1807, in-8° (2 exemplaires).

2285. TISSANDIER. Traité élémentaire méthodique et complet sur le régime hypothécaire, conformément aux lois des 11 brumaire An VII et 28 ventôse An XII, etc. — *Paris*, An XIII-1805, in-8°.

2286. — Traité méthodique et complet sur la transmission des biens par successions, donations et testamens, suivant les lois anciennes, intermédiaires et nouvelles. — *Paris*, An XIII-An XIV, 8 vol. in-8°.

1134. TISSOT (P.-A.). Les douze livres du Code de l'empereur Justinien, traduits en français par P.-A. Tissot. — *Metz*, 1807, 4 vol. in-4°.

1187. [TOLOZAN]. Règlement du conseil, précédé de l'explication des différens articles compris dans chacun des chapitres, avec les formules des procédures qu'on y suit, et celles des arrêts ou jugemens qui s'y rendent. — *Paris*, 1786, in-4°.

1347. TONNIGES. Voyez **Testament argué de faux**.

1266. TOUBEAU (Jean). Les Institutes du droit consulaire, ou les élémens de la jurisprudence des marchands. — *Paris*, 1700, 2 vol. in-4°.

2134. **TOULLIER** (C.-B.-M.). Le droit civil français suivant l'ordre du Code, continué par J.-B. Duvergier. — *Paris*, 1819-1843, 21 vol. in-8°.

2750. **[TOURREIL** (Jac. de)]. Essais de jurisprudence. — *Paris*, 1694, in-12.

2046. **TRAITÉ** des connoissances nécessaires à un Notaire, contenant des principes surs pour rédiger avec intelligence toutes sortes d'actes et de contrats, avec des formules dressées sur ces mêmes principes. — *Paris*, 1774-1776, 5 vol. in-8°.

2853. **TRAITÉ** des droits de timbre et d'enregistrement, avec un appendice sur les droits de greffe et d'hypothèque, tome Ier. — *Paris*, 1818, in-8°. (La bibliothèque ne possède que le tome Ier.)

1315. **TRAITÉ** des prairies artificielles, des enclos et de l'éducation des moutons de race angloise. — *Paris*, 1778, in-4°.

2547. **TRESSAN**. OEuvres du comte de Tressan, précédées d'une notice sur sa vie et ses ouvrages. Voyez CAMPENON.

126. **TRÉVOUX**. Dictionnaire universel françois et latin, vulgairement appelé dictionnaire de Trévoux. — *Paris*, 1771, 8 vol. in-fol.

2866. **TRIBUNAL** (Le) et la cour de cassation. Notices sur le personnel (1791-1879). — *Paris*, 1889, in-8°.

2244. **TRIPIER** (Louis). Commentaire de la loi du 17-23 juillet 1856 sur les sociétés en commandite par actions suivi de la législation sur les sociétés civiles et commerciales. — *Paris*, 1856, in-8°.

1389. — Les codes français collationnés sur les textes officiels. 6ᵉ édition. — *Paris*, 1855, in-4°.

— Même ouvrage, 21ᵉ édition. — *Paris*, 1870, in-4° (3 exemplaires).

2066. [**TROCHOT**]. Rapport des comités de constitution et de judicature sur les offices des Notaires. — *Imp. Nat.*, 1791, in-8°, 1re pièce du recueil.

2099. TROPLONG. De l'échange et du louage. 3e édition. — *Paris*, 1859, 2 vol. in-8°.

2095. — De l'influence du christianisme sur le droit civil des Romains. — *Paris*, 1843, in-8°.

2105. — De la contrainte par corps en matière civile et de commerce. — *Paris*, 1847, in-8°.

2108. — De la prescription. 4e édition. — *Paris*, 1857, 2 vol. in-8°.

2098. — De la vente. 5e édition. — *Paris*, 1856, 2 vol. in-8°.

2096. — Des donations entre-vifs et des testaments. 3e édition. — *Paris*, 1872, 4 vol. in-8°.

2107. — Des privilèges et hypothèques. 5e édition. — *Paris*, 1854, 4 vol. in-8°.

2104. — Du cautionnement et des transactions. — *Paris*, 1846, in-8°.

2097. — Du contrat de mariage et des droits respectifs des époux. — *Paris*, 1850, 4 vol. in-8°.

2100. — Du contrat de société civile et commerciale. — *Paris*, 1843, 2 vol. in-8°.

2102. — Du dépôt et du séquestre et des contrats aléatoires. — *Paris*, 1845, in-8°.

2103. — Du mandat. — *Paris*, 1846, in-8°.

2106. — Du nantissement, du gage et de l'antichrèse. — *Paris*, 1847, in-8°.

2094. — Du pouvoir de l'État sur l'enseignement, d'après l'ancien droit public français. — *Paris*, 1844, in-8°.

2101. — Du prêt. — *Paris*, 1845, in-8°.

2109. — Privilèges et hypothèques. — Commentaire de la loi du 23 mars 1855 sur la transcription en matière hypothécaire. 2ᵉ édition. — *Paris*, 1864, in-8°.

TROTZ. Voyez Hᴜɢᴏ (Herman).

2637. **TURIN** (P.). De la rédaction des actes, considérée au point de vue de l'écriture sténographique, des langues étrangères et des prescriptions de la loi. — *Paris*, 1878, in-8°.

2023. **TURREL**. Mémoire de Mᵉ Turrel, Notaire à Paris, sur l'interprétation des lois, et sur une question proposée dans la matière du réméré. — *Paris*, 1805, in-8°, 4ᵉ pièce du recueil.

V

2479. **VAINES** (Dom de). Dictionnaire raisonné de diplomatique. — *Paris*, 1774, 2 vol. in-8°.

2115. **VALETTE**. De l'effet ordinaire de l'inscription en matière de privilège sur les immeubles. — *Paris*, 1843, in-8°.

1251. **VALIN** (René-Josué). Nouveau commentaire sur la coutume de La Rochelle et du pays d'Aunis. — *La Rochelle*, 1756, 3 vol. in-4°.

1198. — Nouveau commentaire sur l'ordonnance de la marine du mois d'août 1681. — *La Rochelle*, 1766, 2 vol. in-4°.

1366. **VALLA** (N.). De rebus dubiis et quæstionibus in jure controversis tractatus XX. — *Parisiis*, 1567, in-4°.

VALLON-**CHALYS** (Marguerite-Éléonore-Clotilde de). Voyez Vanderbourg (Ch.)

2401. **VANDERBOURG** (Ch.). Poésies de Marguerite-Éléonore-Clotilde de Vallon-Chalys, depuis Madame de Surville. — *Paris*, 1824, 2 vol. in-8°.

2809. **VANIERIUS** (Jacob.). Prædium rusticum, nova editio. — *Parisiis*, ·1817, in-12.

2522. **VATTEL**. Le droit des gens, ou principes de la loi naturelle appliqués à la conduite et aux affaires des nations et des souverains. — *Paris*, 1820, in-8°.

2456. **VATTEL** (De). Questions de droit naturel et observations sur le traité du droit de la nature de M. le baron de Wolf. — *Berne*, 1762, in-12.

2638. **VAVASSEUR** (A.). Des sociétés à responsabilité limitée; formulaire précédé d'une introduction avec commentaire de la loi du 5 mai 1863. — *Paris*, 1863, in-8° (2 exemplaires).

2276. — Des sociétés en commandite par actions. Commentaire de la loi du 17 juillet 1856. — *Paris*, 1856, in-8° (2 exemplaires).

2613. — Questions fiscales (enregistrement, timbre, hypothèque, etc.). — *Paris*, 1870, in-8° (2 exemplaires).

4026. — Revue des sociétés. Jurisprudence, doctrine, législation française et étrangère. — *Paris*, 1883-1893, 11 vol. in-8°.

2756. — Traité pratique et formulaire des sociétés civiles et commerciales. — *Paris*, 1869, in-8°.

2332. Même ouvrage, même édition.

2333. — Traité théorique et pratique des sociétés par actions (avec formules), contenant un commentaire de la loi du 24 juillet 1867. — *Paris*, 1868, in-8°.

— Voyez Defrénois.

2130. **VAZEILLE** (F.-A.). Résumé et conférence des commentaires du Code civil sur les successions, donations et testaments.— *Clermont-Ferrand*, 1837, 3 vol. in-8°.

2367. — Traité des prescriptions suivant les nouveaux Codes français. — *Paris*, 1824, in-8°.

2129. — Traité du mariage, de la puissance maritale et de la puissance paternelle. — *Paris*, 1825, 2 vol. in-8°.

2030. **VÉLAIN** (L.). Cours élémentaire du Notariat français. — *Paris*, 1851, in-8°.

2219. — Même ouvrage, même édition.

VERGÉ. Voyez : 1° Clerc (Ed.), Dalloz (Arm.) ; 2° Dalloz.

2205. **VERMEIL**. Code des transactions, ou Recueil complet des lois relatives aux obligations entre particuliers, dans leur rapport avec le papier-monnaie, aux rentes, pensions, fermages, loyers, marchés, remboursements, dépôts, consignations, etc. — *Paris*, An VI, in-8°.

2586. **VERNEILH-PUIRASEAU** (De). Histoire politique et statistique de l'Aquitaine ou des pays compris entre la Loire et les Pyrénées, l'Océan et les Cévennes. — *Paris*, 1822-1827, 3 vol. in-8°.

2788. **VERRI** (Al.). Le notti romane. — *Parigi*, 1824, 2 vol. in-12.

1232. **VERTOT** (L'Abbé de). Histoire des chevaliers hospitaliers de St-Jean de Jérusalem, appelez depuis les chevaliers de Rhodes, et aujourd'hui les chevaliers de Malte. — *Paris*, 1726, 4 vol. in-4'.

2712. **VICAT** (B. Philipp.). Vocabularium juris utriusque, præsertim ex Alex. Scoti, Jo. Kahl, Barn. Brissonii et Jo. Gottl. Heineccii accessionibus, opera et studio B. Philipp. Vicat. — *Neapoli*, 1760, 4 vol. in-8°.

2571. **VIDA** (Jérome). Les vers à soie, poème de Jérome Vida, suivi du poème des échecs, etc., et d'un choix de poésies de Pierre d'Orville, traduits du latin par J.-B. Levée. — *Paris*, 1809, in-8°.

1354. **VIDIMUS** d'un arrest de la Cour entre Monsieur l'Évesque de Paris et Notaires du Chastelet. — *Paris* (1498), 10 pages in-4°, 5e pièce du recueil.

80. **VIGIER** (Jean). Les coutumes du païs et duché d'Angoumois, Aunis et gouvernement de La Rochelle. Seconde édition. — *Angoulême*, 1720, in-fol.

2773. **VILLEMAIN**. Histoire et Cromwell d'après les mémoires du temps et les recueils parlementaires. — *Paris*, 1819, 2 vol. in-8°.

2818. — Nouveaux mélanges historiques et littéraires. — *Paris*, 1827, in-8°.

2671. **VILLENEUVE-BARGEMONT** (F.-L. de). Histoire de René d'Anjou, roi de Naples, duc de Lorraine et comte de Provence. — *Paris*, 1825, 3 vol. in-8°.

2374. **VINCENS** (Émile). Exposition raisonnée de la législation commerciale et examen critique du Code de commerce. — *Paris*, 1821, 3 vol. in-8°.

2452. **VINNIUS** (Arn.). De origine et progressu juris civilis Romani, cum notis Arn. Vinnii et variorum ; auctore et collectore S. Leewio *Lugd. Batavor.*, 1671, in-12.

1141. — In quatuor libros Institutionum Imperalium commentarius Academicus et Forensis. Jo. Gottl. Heineccius recensuit, et præfationem notulasque adjecit. — *Lugduni Batavorum*, 1726, in-4°.

1149. — Præstantissimi in quatuor libros Institutionum Imperalium. — *Lugduni*, 1683, in-4°.

1044. **VIOLEINE** (P.-A.). Nouvelles tables pour les calculs d'intérêts simples et composés, d'amortissement, d'annuités de primes, etc. — *A Vaugirard*, 1854, in-4°.

2789. **VIRGILE.** Géographie de Virgile, augmentée de la géographie d'Horace, ou notice des lieux dont il est parlé dans les ouvrages de ces poëtes, par Helliez. — *Paris*, 1820, in-12.

VISME (De). Voyez Ferrière (Claude-Joseph de).

2023. **VITRY** (Étienne de). Notice biographique sur Étienne de Vitry. Voyez Silvestre.

1345. **VIVIEN.** Mémoires et jugements concernant différents Notaires. — *Paris*, 1823, 3 vol. in-4°.

54. **VOET** (Johan.). Commentarius ad Pandectas. — *Coloniæ Allobrogum*, 1757, 2 vol. in-fol.

1305. **[VOGEL].** Les privilèges des Suisses. — *Yverdon*, 1770, in-4°.

1060. **VOLFIUS** (Christ.). Jus naturæ. — *Francofurti et Lipsiæ*, 1764-1766, 8 tomes en 4 volumes in-4°.

2548. **VOLNEY** (C.-F.). OEuvres de Volney. — *Paris*, 1826, 8 vol. in-8°.

2554. **VOLTAIRE.** Histoire de la vie et des ouvrages de Voltaire. Voyez Paillet de Warcy.

2553. **VOLTAIRE.** Mémoires sur Voltaire et sur ses ouvrages. Voyez Longchamp et Wagnière.

2702. **VOSGIEN**. Nouveau dictionnaire géographique, ou description de toutes les parties du monde, dernière édition, refondue et corrigée par M. B. et Hocquart. — *Paris*, 1819, in-8°.

1378. **VRAYE**. Du remboursement des offices ministériels et de la suppression de leur vénalité ; exposé financier, avantages, opportunité et mode d'exécution de cette mesure. — *Compiègne* et *Paris*, 1860, gr. in-8° (2 exemplaires):

1249. **VREVIN** (Louys). Les coustumes réformées du gouvernement, bailliage et prévosté de Chaulny. — *Paris*, 1641, in-4°.

2214. **VUATINÉ** (C.). Du droit de transmission des offices, des réformes et améliorations à leur appliquer. — *Paris* et *La Rochelle*, 1860, in-8°.

W

WAGNIÈRE. Voyez LONGCHAMP.

4001. **WALKER**. Collection complète, par ordre chronologique, des lois, édits, traités de paix, ordonnances, déclarations et réglemens d'intérêt général antérieurs à 1789, restés en vigueur. — *Paris*, 1835-1837, 5 vol. in-8°.

2389. **WARNKŒNIG** (A.). Éléments de droit romain privé. — *Paris*, 1827, in-8°.

1165. **WICQUEFORT** (Abraham de). L'ambassadeur et ses fonctions. — *Amsterdam*, 1746, 2 vol. in-4°.

2843. **WILBERFORCE** (William). Le christianisme des gens du monde mis en opposition avec le véritable christianisme, traduit de l'anglais par Frossard. — *Paris*, 1821, 2 tomes en 1 vol. in-8°.

WOLF (Baron de). Voyez Vattel (De).

2499. **WOLFF** (Chr.-L.-B. de). Institutions du droit de la nature et des gens, trad. par M. M..., avec des notes par Élie Luzac. — *Leide*, 1772, 6 vol. in-12.

1304. — Principes du droit de la nature et des gens, extrait du grand ouvrage latin de M. de Wolff, par M. Formey. — *Amsterdam*, 1758, in-4°.

4013. **WOLOWSKI, TROPLONG, GIRAUD**, etc. Revue de législation et de jurisprudence. Voyez Revue de législation.

WORMS (F.). Voyez Rousse (Ed.).

X

2666. **XÉNOPHON.** Harangues tirées d'Hérodote, de Thucydide, des histoires grecques de Xénophon, etc., par l'Abbé Auger. — *Paris*, 1788, 2 vol. in-8°.

2444. **XIMÉNÈS.** Histoire de la vie et de l'administration du Cardinal Ximénès, par Ed. Baudier. — *Paris*, 1851, in-8°.

Y

2597. **YOUNG.** Les nuits d'Young, suivies des tombeaux et des méditations d'Hervey, etc. — *Paris*, 1824, 2 vol. in-8°.

2661. **YOUNG** (Édouard). Les beautés poétiques d'Young, par J. Evans traduites en français par B. Barrère. — *Paris*, 1804, in-8°.

Z

2063. **ZACHARIÆ** (C.-S.). Cours de droit civil français, traduit de l'allemand par MM. C. Aubry, et C. Rau. 2ᵉ édition revue et augmentée. — *Strasbourg*, 1843-1846, 5 vol. in-8°.

1365. **ZACHARIE**. Les quatre parties du jour. — *Paris*, 1769, petit in-4°.

2469. **ZOROASTRE**, Confucius et Mahomet comparés. Voyez Pastoret.

MANUSCRITS

MANUSCRITS

----

1. « **EXTRAIT** des registres plumitifs du Bureau des finances de
la généralité de Paris. » — *XVIIIe siècle*. Papier. 4 vol. 370 sur
240 millim.

2. « **TABLE** alphabétique avec les armoiries blazonnées des Gouver-
neurs, Capitaines, Lieutenans généraux, Lieutenans du Roy, Prévosts
des marchands, Échevins, Avocats, Greffiers, Receveurs, Conseillers
et Quartiniers de la ville de Paris. » — *XVIIIe siècle*. Papier. 420 sur
280 millim.

3. « **PROCÈS-VERBAL** de l'ordonnance du mois d'avril 1667, rédigé par
Me Joseph Foucault, secrétaire. » — *XVIIe siècle*. Papier. 365 sur
240 millim.

4. « **PROCÈS-VERBAL** de la conférence d'entre Messieurs les Commissaires du Roi et Messieurs les députez du Parlement, pour l'examen
des articles proposez pour la composition de l'ordonnance de la
procédure et instruction criminelle de 1670. » — *XVIIe siècle*. Papier.
380 sur 250 millim.

5. « **INVENTAIRE** des reliques, joiaux et papiers de la Communauté
des Notaires. » — *1590*. Papier. 330 sur 210 millim.

6. « **INVENTAIRE** des titres et chartres de la Compagnie des Conseillers du Roy, Notaires, Gardes-notes et Gardes-scel de Sa Majesté au Châtelet de Paris. » — *1738*. Papier. 360 sur 220 millim.

7. « **EXTRAIT** des délibérations et arrêtés » de l'ancienne Compagnie des Notaires de Paris, [par Me Delarue, au dire de Me Thomas]. — *XVIIIe siècle*. Papier. 361 sur 235 millim.

> La reliure porte à tort : tome Ier.

8. « **EXTRAIT** des délibérations et arrêtés » de l'ancienne Compagnie des Notaires de Paris, [par Me Delarue, au dire de Me Thomas]. — *XVIIIe siècle*. Papier. 361 sur 235 millim.

> Même ouvrage que le précédent, même reliure et même format.

9. « **EXTRAIT** des délibérations et arrêtés » de l'ancienne Compagnie des Notaires de Paris, [par Me Delarue, au dire de Me Thomas]. — *XVIIIe siècle*. Papier. 370 sur 270 millim.

> Le même que les deux précédents.

10. « **RECUEIL** de discours prononcés et d'avis donnés dans les assemblées des Notaires du Châtelet de Paris » [par Me Delarue, Notaire]. — *XVIIIe siècle*. Papier. 365 sur 235 millim.

11. « **RECUEIL** de nottes » sur les droits et fonctions des Notaires, par ordre alphabétique, commencé par Me Delarue. — *XVIIIe siècle*. Papier. 370 sur 235 millim., 2 vol.

12. « **RECUEIL** de nottes » sur les droits et fonctions des Notaires, commencé par Me Delarue, Notaire, délégué et ancien syndic de sa Compagnie, tome Ier. — *XVIIIe siècle*. Papier. 365 sur 235 millim.

> Ce manuscrit est un double du tome Ier de l'article 11.

13. « **RECUEIL** de nottes » sur les droits et fonctions des Notaires, commencé par Me Delarue, Notaire, délégué et ancien syndic de sa Compagnie, tome Ier. — *XVIIIe siècle*. Papier. 360 sur 235 millim.

> Ce manuscrit est un double du tome Ier de l'article 11.

14. « **RECUEIL** de nottes » sur les droits et fonctions des Notaires, commencé par Me Delarue, Notaire, délégué et ancien syndic de sa Compagnie. — *XVIIIe siècle*. Papier. 2 vol. 360 sur 240 millim.

> Ce manuscrit est un double de l'article 11.

15. « **TRAITÉ** des droits, privilèges et fonctions des Conseillers du Roy, Notaires, Gardes-notes et Gardes-scel de Sa Majesté au Châtelet de Paris. Composé d'extraits rangez suivant l'ordre des matières et tirez sur les édits, lettres patentes, déclarations, arrests et autres titres compris dans la seconde édition de leurs chartres », [par Langloix]. [Continué par Regnault (E.-L.)]. — *XVIIIe siècle*. Papier. 365 sur 235 millim.

> Voyez manuscrits 16, 17.

16. « **CONTINUATION** du traité des droits, privilèges et fonctions des Conseillers du Roi, Notaires, Gardes-nottes et Gardes-scel de Sa Majesté au Châtelet de Paris, par Me Regnault (Eugène-Louis), Notaire délégué et ancien sindic de sa Compagnie. » — *1784*. Papier. 365 sur 240 millim.

17. « **CONTINUATION** du traité des droits, privilèges et fonctions des Conseillers du Roi, Notaires, Gardes-nottes et Gardes-scel de Sa Majesté au Châtelet de Paris, par Me Regnault (Eugène-Louis), Notaire délégué et ancien sindic de sa Compagnie. » — *1784*. Papier. 365 sur 240 millim.

> Le même que le précédent.

18. « **REGISTRE** concernant les droits et fonctions des Notaires. » — *XVIIIe siècle*. Papier. 355 sur 235 millim.

19. « **LISTE** des Conseillers du Roy, Notaires, Garde-notes et Garde-scel, au Châtelet de Paris depuis leur création. » — *XVIIIe siècle*. Papier. 320 sur 210 millim.

20. « **REGISTRE** des offices et pratiques des Conseillers du Roy, Notaires au Châtelet de Paris, rédigé en 1785 par Me Delarue, Notaire, l'un des sindics de sa Compagnie. » — *XVIIIe siècle*. Papier. 2 vol., 359 sur 240 millim.

21. « **REGISTRE** des offices et pratiques des Conseillers du Roi, Notaires, Gardes-nottes et Gardes-scel de Sa Majesté au Châtelet de Paris, précédé de la liste des cent treize Notaires en exercice au 1er janvier 1786, par Me Delarue, Notaire, délégué et ancien syndic. » — *Paris*, 1786. Papier. 395 sur 285 millim. [Continué jusqu'en 1827.]

22. **NOTES** sur les usages de la corporation des Notaires, intitulé au dos : « Registre administration des Notaires au Châtelet » [par Me Delarue]. — *XVIIIe siècle*. Papier. 355 sur 225 millim.

23. **RECUEIL** factice de pièces imprimées et manuscrites sous ce titre : « **Notaires et Avoués, Inventaires, Liquidations, Partages et Ventes.** » — *XVIIIe et XIXe siècles*. Papier. 315 sur 215 millim.

24. « **CATALOGUE** dressé par Me Delarue, Notaire, des livres de la bibliothèque des Conseillers du Roy, Notaires au Châtelet de Paris, commencé en 1786, avec une table alphabétique des livres suivant leurs titres, un état des présents en argent faicts pour la biblio- thèque, une notice des livres donnés en nature. » — *1789*. Papier. 365 sur 240 millim.

25. « **CATALOGUE** de la bibliothèque de la Compagnie des Notaires de Paris, dressé par M. Bréton, Notaire à Paris, secrétaire de la Chambre. » — *1812*. Papier. 360 sur 235 millim.

26. « **CATALOGUE** général et alphabétique de la bibliothèque des Notaires de Paris, par noms d'auteurs, titres des ouvrages et nature des matières, avec renvois à un catalogue chronologique, ou par ordre d'entrée faisant suite au premier, par A.-J.-A. Thomas, président de la Chambre, doyen des Notaires de Paris. » — *1866*. Papier. 340 sur 220 millim.

27. « **L'ÉNÉIDE DE VIRGILE** traduite en vers français, par M. B.-J. Porlier, ancien Notaire à Paris. » — *XIXe siècle*. Papier. 260 sur 200 millim.

28. « **ESSAI** sur l'ordonnance des donations du mois de février 1731, par M. de La Jannez. » — *XVIIIe siècle*. Papier. 275 sur 190 millim.

29. « **INSTITUTIONS** au droit françois [au dos : par François Rousleau].» — *XVIIe siècle*. Papier. 258 sur 185 millim.

30. « **TRAITÉ** de la communauté de biens entre mary et femme, ou commentaire sur le titre X de la coutume de Paris. On y a joint le commentaire sur les articles 279 et 281 de cette coutume, le tout tiré des conférences tenues chez feu M. Bouchevret, ancien Avocat au Parlement. » — *XVIIIe siècle*. Papier. 255 sur 176 millim.

31. « **LA FRANCE**. Tableau historique de la France depuis 1786 à 1796, en vers, par Me Porlier, ancien Notaire à Paris. » — *XVIIIe ou XIXe siècle*. Papier. 266 sur 190 millim.

32. « **HISTOIRE DU PARLEMENT DE PARIS**, [par Voltaire], cinquième édition, corrigée. » — *1759*. Papier. 210 sur 150 millim.
Copié sur l'imprimé.

33. « **INSTITUTIONS** au droit françois. » — *1747*. Papier. 210 sur 150 millim.

34. « **CRÉATIONS** du Collège des Notaires et Secrétaires du Roy et Maison de France. Privilleiges, dons et octroitz faictz par les Roys de France à iceluy Collège.» — *XVIe siècle*. Parchemin. 215 sur 150 millim.
« Ex libris Fuliensium monasterii Sanctorum Angelorum custodum. »

35. « **CRÉATIONS** du Collège des Notaires et Secrétaires du Roy et Maison de France. Privilèges, dons et octrois faitz par les Roys de France à iceluy Collège. » — *XVIe siècle*. Papier. 230 sur 125 millim.
Ms. ayant appartenu à Monteil.

36. « **DEUX CONTRACTS** de mariage : le 1er, de Henry 4e d'heureuse mémoire, Roy de France et de Navarre, avec la princesse de Florence du 25e avril 1600 ; le dernier, de Louis XIII, son fils aussi Roy de France et de Navarre à présent régnant avec l'infante d'Espagne. » — *XVIIe siècle*. Papier. 150 sur 100 millim.

37. « **LES COUTUMES** des bailliages et prévosté d'Estampes et Dourdan et enclaves d'iceux, avec les commentaires de maistre Charles Dumoulin, le tout reveu et corrigé de nouveau. » — *1600*. Papier. 135 sur 85 millim.

Copié sur l'imprimé.

38. « **VOCABULAIRE LAOTIEN**, par Dugast, sous-lieutenant d'infanterie de marine. Mission Pavie, 1890. » — *1890*. Papier. 218 sur 165 millim.

39. MANUSCRIT LAOTIEN.

Lames végétales, 107 feuilles.

40. « **EXTRAIT** du registre des chartres, privillèges et confirmacions des Clercs, Notaires et Secrétaires du Roy de la Maison et Couronne de France, estant à la Chambre des Aides à Paris ». — *XVIe siècle.* Parchemin. 330 sur 290 millim.

« Des biens de feu Monsieur de Cantilly, Me Jacques Thiboust, Notaire et Secrétaire du Roy, Esleu pour le Roy en Berry; qui me furent donnez par les siens. Il fut grand oncle maternel de feu Monsieur Cassot, mon père.
In manibus Domini sortes nostrae. — JULII CASSOT.

Utinam dirigantur viæ meæ ad custodiendas justificationes tuas. — Julii Cassoti legis secretarii, 1613. — CASSOT.

Jules Cassot, Renée de la Vau, culs esleus à grande loiauté. — J. C. »

Cotes anciennes : Bibliotheca Lamoniana (Lamoignon), q. 340 *bis* (?); r. 197. n° 214; q. 175. Au dos T. 303. Le fol. III r° est timbré d'un L couronné.

41. « **INSTITUTION** au droit françois, [par Argou]. Troisième édition, revüe et augmentée considérablement. A Paris, avec privilège du Roy de l'année 1710. » — *XVIIIe siècle.* Papier. 310 sur 215 millim., 2 vol.

Copié sur l'original.

42. « **LES ORDONNANCES DE LOUIS XIV**, Roy de France et de Navarre, données à Saint-Germain-en-Laye, au mois d'avril 1667. » — *XVIIe siècle.* Papier. 360 sur 260 millim.

43. « **SOMMIER** ou **RECUEIL**, en forme de mémoire contenant en grand détail les réponses dont ont paru susceptibles les objections portées en la réplique des Notaires d'Orléans, signifié le 12 décembre 1785, aux écritures des Notaires de Paris, signifié le 2 août précédent ; réplique à peu près conforme à leur premier mémoire imprimé et qui forme, avec ce mémoire, le véritable corps de leur attaque ou défense. » — *XVIIIe siècle*. Papier. 335 sur 220 millim.

44. « **SOMMIER** ou **RECUEIL** en forme de mémoire contenant en grand détail les réponses dont ont paru susceptibles les objections portées en la réplique des Notaires d'Orléans, signifié le 2 août précédent ; réplique à peu près conforme à leur premier mémoire imprimé et qui forme, avec ce mémoire, le véritable corps de leur attaque ou défense. » — *XVIIIe siècle*. Papier. 335 sur 220 millim.

Même ouvrage que le précédent.

45. « **SECOND MÉMOIRE** à consulter, **pour** les Notaires au Châtelet de Paris **contre** les Notaires au Châtelet d'Orléans et **contre** S. A. S. Monseigneur le Duc d'Orléans intervenant. » — *XVIIIe siècle*. Papier. 335 sur 220 millim.

46. « **SECOND MÉMOIRE** à consulter, **pour** les Notaires au Châtelet de Paris **contre** les Notaires au Châtelet d'Orléans et **contre** S. A. S. Monseigneur le Duc d'Orléans intervenant. » — *XVIIIe siècle*. Papier. 335 sur 220.

Même ouvrage que le précédent.

47. — « **SECOND MÉMOIRE** à consulter, **pour** les Notaires au Châtelet de Paris **contre** les Notaires au Châtelet d'Orléans et **contre** S. A. S. Monseigneur le Duc d'Orléans intervenant. ». — *XVIIIe siècle*. Papier. 335 sur 220 millim.

Même ouvrage que les deux précédents.

48. « **INVENTAIRE** des registres des lettres patentes adressées au Bureau des finances de Paris et déposées au greffe. Ledit inventaire fait par M. Mazois, Trésorier de France, le 1er octobre 1740. » — *XVIIIe siècle*. Papier. 365 sur 245 millim.

Au dos : tome Ier.

49. « **SUITE DE L'INVENTAIRE** des registres des lettres patentes adressées au Bureau des finances de Paris. » — *XVIIIe siècle*. Papier. 365 sur 245 millim.

> Au dos : tome II.

50. « **LES STATUTS** et **ORDONNANCES** de l'Ordre et milice du Benoist Sainct-Esprit. Noms et surnoms des princes, seigneurs, commandeurs, chevalliers et officiers dudict ordre et leurs armoiries depuis la première création faicte par Henry troisième, Roy de France et de Pologne, grand maistre, premier fondateur et chef souverain dudit Ordre, jusques à présent, c'est-à-dire jusqu'à Louis XIV. » — *XVIIIe siècle*. Papier. 365 sur 235 millim.

> Copie prise sur l'original, sans les figures.

51. « **NOTES** indicatives des lois et articles de lois et des décisions administratives et judiciaires qui concernent les attributions et devoirs des Notaires et la forme de leurs actes. » — *1843*. Papier. 2 vol. 255 sur 200 millim.

> En partie imprimé, en partie manuscrit.

TABLE GÉNÉRALE

ALPHABÉTIQUE, ANALYTIQUE ET RAISONNÉE DES MATIÈRES

TABLE GÉNÉRALE

ALPHABÉTIQUE, ANALYTIQUE ET RAISONNÉE DES MATIÈRES

A

B

C

D

E

— Enregistrement et timbre — Lois de 1790 à 1821 2854

— Exposition raisonnée des principes d'enregistrement en forme de commentaire de la loi du 22 frimaire An VII, par DEMANTE (G.) 2755

— Instructions générales de M. le Conseiller d'État, directeur général de l'Administration de l'enregistrement et des domaines.　4008

-- Le contrôleur de l'enregistrement.　4009

— Les contribuables et l'enregistrement. Guide pratique de la transmission de la propriété, par BOURGADE 2616

— Lois du timbre et de l'enregistrement, extraites du Bulletin des lois, par TARDIF.　2856

— Mémorial des notaires et des employés de l'enregistrement, etc., par PERTUIS (F.-B.).　2060

— Nouveau Code annoté de l'enregistrement, du timbre et des droits de greffe et d'hypothèque, par GAGNERAUX (M.-L.) .　2850

— Questions fiscales (enregistrement, timbre, hypothèque, etc.). Doctrine, législation. Examen critique de la jurisprudence au point de vue de la pratique notariale, par VAVASSEUR (A.). 2613

— Recueil chronologique des lois, arrêtés, décrets, avis du Conseil d'État et ordonnances du Roi sur les droits d'enregistrement, de timbre, de greffe et d'hypothèque.　2852

— [Recueil contenant plusieurs fascicules se rapportant à la loi de décembre 1790, sur l'enregistrement] 1367

— Répertoire général et raisonné de l'enregistrement, par GARNIER (M.-D.) . . 907

— Revue du notariat et de l'enregistrement.　4029

— Table générale alphabétique et analytique des instructions et circulaires, des lettres communes, précis et bulletins chronologiques publiés par l'Administration de l'enregistrement, des domaines et du timbre, de l'origine au 1er janvier 1887, par GÉRAUD (Ch.). 2869

— Tableaux synoptiques des droits de l'enregistrement et des impôts, par ORY (Ferdinand). 1327

— Traité des droits d'enregistrement, du timbre et d'hypothèques, et des contraventions à la loi du 25 ventôse An XI, par CHAMPIONNIÈRE et RIGAUD. 2475

— Traité général du notariat et de l'enregistrement, par CLERC (Édouard) . . . 2544

Enseignement. — Pouvoir de l'État sur l'enseignement, d'après l'ancien droit public français, par TROPLONG. 2094

Épices. — Droit d'épices. 2047

Épicure. — La morale d'Épicure, tirée de ses propres écrits, par l'Abbé BATTEUX.　2834

Esclavage. — De l'esclavage dans ses rapports avec l'union américaine, par CARLIER (Aug.). 2664

Espagne. — Code civil espagnol, par LEVÉ (A). 2901

— Éléments de droit civil espagnol, par LEHR (Ernest). 2902

— Espagne poétique. — Choix de poésies castillanes, depuis Charles-Quint jusqu'à nos jours, par MAURY (J.-M.). 2700

Espérance. — Les plaisirs de l'espérance, suivis de deux odes Pindariques, par Albert Montémont, trad. de l'anglais, par CAMPBELL (Thomas). 2778

Établissements dangereux, insalubres ou incommodes, par CLERAULT (St-Ch.). 2196

Étampes. — Coutumes des bailliages et prévosté d'Estampes et Dourdan et enclaves d'iceux. . . . . Ms. 37

État civil. — (Arrêts sur la tenue des registres de l'état civil). 2047

F

G

H

J

L

M

N

O

P

Q

R

S

T

U

V

Z

PARIS. — IMPRIMERIE CHAIX (SUCCURSALE B), RUE DE LA SAINTE-CHAPELLE, 5. — 1245-94.